分権型社会の地方財政

直彦

地方自治土曜講座ブックレットNo.70

Ⅰ　開かれた分権型社会への扉

今回の地方分権運動は、町村が起した大正デモクラシーの両税委譲運動に基礎付けられたシャープ勧告に次ぐ第2回目の運動だというふうに考えられるかと思います。

私は地方分権推進委員会に関係をしておりますが、この4月から地方分権推進に関する一括法が施行されることになりました。これによって分権改革が一つ段階を歩むということになったわけです。

しかし、この改革は分権型社会へのオープンザドアー、扉を開いただけの改革であるということを指摘しておく必要があると思います。積極的に言えば、どうぞいつでも扉を開けてありますので、いつでもそこからお入りになって分権型社会の道を歩んでくださいというふうに評価もできれば、逆に、扉しか開いていないので道筋はそれぞれの国民がこれから作っていかなければならないという二つの意味があります。そういう勧告だったというふうに考えられるだろうと思います。

1 事務権限委譲戦略よりも関与縮小廃止戦略

分権推進委員会のとりました分権戦略というのは、私どもの委員会の委員をされていらっしゃる西尾勝先生の戦略に従いまして、事務権限委譲戦略よりも関与縮小廃止戦略をとっております。西尾先生の言葉を借りますと、地方分権を進めるのに二つのやり方がある。一つは人々から遠いところにある政府でやっている仕事を人々から身近なところの政府にやらせるというやり方、つまり事務、これは仕事という意味ですが、自治体がやっている事務権限、仕事を遠い政府から近い政府に移すというやり方です。

もう一つのやり方というのは関与縮小廃止戦略でして、国が地方に口出しを入れている関与を減らせば地方分権が進むという考え方です。この二つの考え方があるわけですが、地方分権推進委員会がとった地方分権の戦略というのは後者です。口出しを入れさせなければ日本では分権が進むというやり方をとっておりますので、仕事は移していない。

　地方分権というのは仕事だけ増えて財源が下りてこないとよく非難されますが、仕事は下りてくるわけではない。もともとやっていた仕事に対して関与を縮小廃止させるという改革方針

図表1　地方歳出・地方税収・財政移転（1992年）

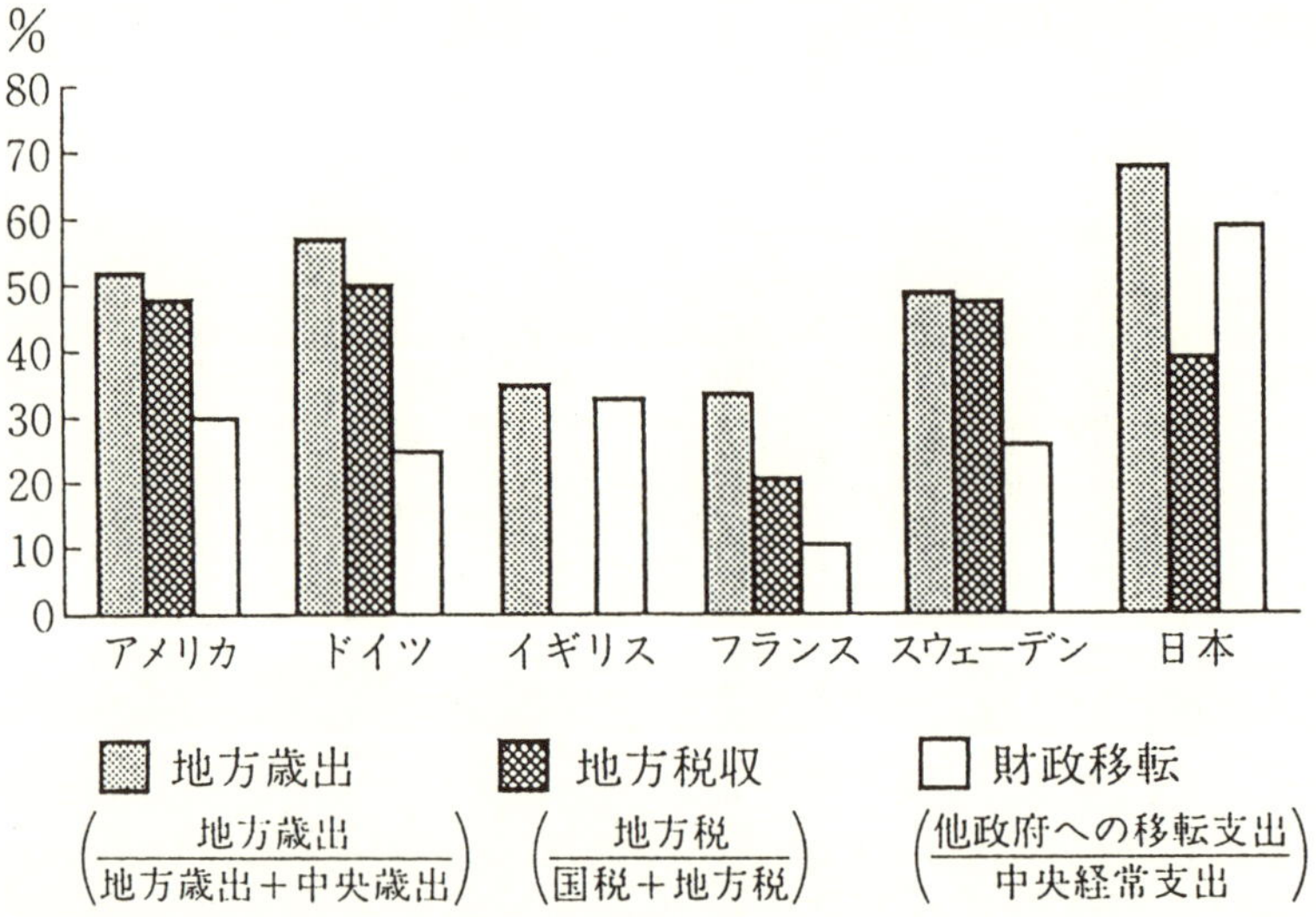

資料：OECD[1994], *National Accounts* より作成.

しかとっていないということです。

なぜそういう方針をとったのかといいますと、図表1にそれぞれの国ごとに三つの棒グラフが書かれておりますが、一番左側が歳出ですので、地方の歳出と国の歳出の比率ですね。日本は地方の歳出が7割、国の歳出が約3割で、世界で一番地方政府の比重の大きい国です。2位がカナダでこれは連邦国家ですから。連邦国家であるアメリカやドイツで半々、単一国家であるイギリス、フランス、スウェーデン。ここら辺は半々とこういうとこですね。スウェーデンは分権が進んでおりますが。

仕事は地方公共団体はすでにかなりやっているんだということです。ところが真ん中の棒グラフ、これは地方税ですが、地方税と国税の比率を見ていただくと、日本の場合には地方税が3割で国税が7割ということでかなり低い。もちろん単一国家の中で低いといってもイギリスのようにコミュニティチャージに失敗してもう1・4％、1000しかない国もありますから、そういう国に比べれば地方税は充実しているんですが、イギリス、フランスという単一国家は地方公共団体があまり仕事をしていないわけです。仕事の割に税源といいますか、地方税の比重が少ない。この税金と歳出との格差が一番右の棒グラフ、地方公共団体、国の支出に占める地方への財源の移転の割合が右側に出てますが、日本の予算の半分は地方公共団体への補助金、交付税として出ているということです。

国の一般会計に占める人件費の割合はわずか5％です。物件費の割合がわずか3％です。これを財政学では実質的な経費と言っておりまして、実質的な経費は10％もいかないんですね。後は何か、一番大きいのが公債費、国債の利払いですね。それから後は補助金、後は政府関係機関、特別会計の繰入金、移転的な経費と申しますが、お金を配っているだけですね。

言い換えますと、この人件費と物件費のうちのほとんどと言っていいぐらいが自衛隊のお金ですから、日本の政府というのはほとんど仕事をしていない政府です。日本の政府の仕事というのは何かというと、地方公共団体と政府関係機関にお金をばらまいて、仕事をやらせる政府、こういうふうに理解をしていただければいい。これは予算の実態です。

そうだとすれば仕事は地方公共団体がかなりやっているんだから、これ以上地方に仕事を移してやらせるということよりも、国の口出しを入れさせないようにした方が、まず日本では分権を進める第一歩、手掛かりではないかということで、関与縮小廃止戦略をとったということになるわけです。

2 地方分権の車の両輪　機関委任事務の廃止と税源委譲

そういう関与縮小廃止戦略をとると、地方分権を推進する車の両輪は二つあります。一つは機関委任事務の廃止です。機関委任事務というのは、知事、市長、町村長とかの首長、あるいは教育長とか地方の組織の長を国の機関だと見なして、委任してくる事務です。

団体委任事務というのは地方公共団体に委任されます。地方自治体が、委任されたら地方自治体の事務になりますので、議会も議論ができるわけですが、機関委任事務の場合はその機関を国の機関と見なして委任するわけですから、地方住民が一切口を出せない仕事ということになるわけです。

この機関委任事務の仕事が道府県の財政の８５％、市町村の仕事の４５％を占めています。

皆さんも最近新聞などで地方財政が大きく赤字になってきますと、財政再建団体というのをお聞きになったと思いますが、ある一定の割合に財政の赤字幅が落ちると、国が管財人として入り込んできて財政再建団体と指定し、国が全部管理してしまう。倒産する前に国が管財人として管理してしまうというやり方があるわけです。

これは標準財政規模に対して道府県は5％、市町村は20％で落ち込むということになっているわけです。しかし、これはおかしいですよね。なぜなら、やりくり算段をするには市町村の財政規模の方が小さく道府県財政の方が大きいのになぜ道府県財政の方がわずかな規模で財政再建団体に落ち込んで、市町村は20％までオーケーなのか。機関委任事務と関係しています。道府県の仕事の85％は国の機関委任事務をやらされてるわけで、財政が破綻しましたので、仕事ができませんといって困るのは国なのです。このように機関委任事務のウエイトが非常に高いので、5％赤字で国の管理下に置かれてしまうということです。

市町村の方は45％だからまだまだ20％までオーケーよと、しかし20％に落ち込んだら国の管理下においてしまう。こういう仕組みになっているということです。

この機関委任事務を廃止するということが大きなポイントになるわけでして、皆さんもご存じの通りに分権委員会はこの機関委任事務の廃止に全力を尽くして、ついに廃止したわけです。そして法定受託事務と自治事務とに分けたわけです。

法定受託事務と自治事務とに分けましたが、国が地方公共団体の仕事のやり方を決め、そして地方公共団体に細かに国が決めた通りの仕事をやらせていくという仕組みの根幹はまだ崩れていないということです。国が決めた仕事を地方にやらせていくという仕組みを建物に例えれば、機関委任事務というのはその外壁を壊しただけであって、柱は残っているということです。

自治事務というのは地方自治体が自分のところで独自に企画し執行するということが建て前になっているわけです。しかし、介護保険は自治事務であるにもかかわらず、法律、省令、政令によって事細かにやり方まで決められ、それを全国一律に執行させていくというやり方は残っているわけです。介護保険を見ていただければ分かりますが、自治事務にもかかわらず、地方自治体独自の固有なニーズに従って公共サービスは出せないということになるわけで、それはまだ仕組みが残っているということです。そういう留保付ではありますがひとまず機関委任事務の廃止というのができたということですね。

もう一つはいうまでもなく税源を委譲していただいて、仕事と税源との格差、乖離を縮小していくということをやらなければならないということです。この税源の委譲ということについては残念ながら非常に抽象的な方針しか出せなかったので、勧告には国と地方の事務配分に合わせて税源を合わせろという抽象的な方針しか書いていないのです。しかし抽象的な方針が書いてあるので、これはかなりの足枷になってきます。

例えば昨年度、地方の住民税と地方の法人関係税の減税が行われました。

これまで国の景気対策で減税が行われると、その減税に伴って生じてきます地方財政の収入減については減税補填債というのを出して、「後で交付税で裏打ちするからごめんしてね」ということでごまかされていたわけですが、今回はその減税分の2分の1については特例交付金ということで、非常に不十分ですが、国が補填するということにしました。

フランスでは、国の景気対策で地方税を減税した場合には国が全額負担することになってます。日本は2分の1減税補填した後の4分の1はもともと法人税の交付税率は法人税と酒税と所得税の32%が交付税財源として繰り込まれることになっていたわけですが、それを法人税については35・8%まで引き上げたということです。それともう一つ小さな税目ですが、たばこ税の地方への委譲が部分的に行われておりますので、税源委譲がこういうところで行われるわけですね。さっきも言いましたように仕事と比率を近付けなくてはいけませんから、結局、じわじわと効いてくるということです。

後の残りの4分の1をこれまで通りに減税補填債で、地方債を発行して補填してねと、その代わり後で交付税で裏打ちするからというやり方をとっておりますので、徐々に効いてくるということになっているということです。

それが現在の状況でして、今年度の分権一括法で行われた地方分権の改革というのは、まだまだそういう意味では分権型社会の扉を開いたと、これは諸井委員長の言葉ですが、扉を開いただけであって、これからどうやって道筋をつけて進めていくのかというのは日本国民に対して課題として大きくのし掛かっているということです。

II　地方分権の「原点」

1　何のために改革するのか

そういう現状だということをお話しした上で今もお話を申しましたように、まだ分権型社会への私たちは入り口に立っているだけにしかすぎませんので、もう一度分権を進めることをこれからも粘り強く努力していかなければならないわけですが、改革をしていく時に一番重要なことは

「何のために改革をするのか」、「どういう方向を目指しているのか」ということをはっきり認識した上で改革をしていくということですね。そうしないとこの改革にとってどこが妥協で、どこが目指すべきものかというのが分からなくなってしまう。

人に道を教える場合に一番重要なことは、あなたの目的地はこの方向にありますよと、方向性をまず示してあげることですね。そしてここから右へ曲がって左に曲がって次の四つ角をまた曲がってと、こういうふうに教えてあげるのが一番いいやり方ですね。そうではなくて方向性を教えずに右へ曲がって左に曲がってと最初から教えていくと、分かりにくいだけではなくてかえって混乱したり、途中で教えられた道に道路工事かなんかがはいっていて利用できなかった場合には、かえって混乱してしまうという事が起こるわけです。

どこまでどうやって妥協するのか、実際には変わった状況が出てきたときにどういう対応をとっていったらいいのかという事が分からなくなってしまいますので、地方分権というものが一体原点は何だったのかという事をはっきり示しておくということが重要だろうと思います。

そうしないと今の改革論議みたいに本当にばかげた議論が平気で罷り通ることになる。

物事の「原点」を考えない議論　消費税での基礎年金

例えば、消費税というものを基礎年金にしようという提案が平然として罷り通っているわけですね。どうしてこんなことが罷り通るのかということは私なんかには本当に理解できないのです。物事のちゃんと原点を考えてください。私たち人類はどうやって生きてきたのか。私たちは子供を生みます。そしてその生んだ子供たちのために一生懸命働き子供を大きくする。そうすると子供たちが今度は自分の面倒をまた見てくれる。この世代間の繰り返しで人間というのは生きてきたわけです。

ところがどうも子供から親への所得移転が実施されなくなったので、これを国家が強制的にやろうとする。これが年金のシステムということになるわけです。私たちはよく「貧乏人の子沢山」と言いますが、子供をたくさん生む人々、子供をたくさん生んでおけば、そして自分は若い頃には子供のために自分のしたい消費を抑えて、子供を育てるのだけれども、老後はたくさん子供を生んでおけば一人一人の子供への負担というのは少なくて、自分の面倒を見てくれることはできるだろうと、こういうふうにして子供を生んできたわけです。

ところが消費税というのは子供の多い家族に重い負担をさせるわけです。

消費税というのは世代間の公平な税金だ。なぜなら現役世代も消費をするし、働けなくなった退役世代も消費をする。だから消費税というのは現役世代にとっても負担が軽くなるから、公平な租税なんだと、これが基礎年金に推奨されている理由ですね。

しかし、この考え方に何が抜けているかというと、この経済学でいっている世代間モデルは人間が二十歳から生まれると想定していますので、子供の世代は税金を払わないことになっている。子供は消費しないことになっている。しかし現実には子供はちゃんと消費をして、その子供にかかってくる消費税というのは現役世代が負担しているんです。そうすると一生懸命子供をたくさん生み、育て、自分の消費を我慢して育てた人間のもらう年金と、子供を全然生まずに、一人も子供を作らなかった人がもらう年金と額が同じです。明らかに税金は消費税でかかってくれば子供の多い人々の方が多く負担するわけですね。言い換えれば消費税で基礎年金をやるということはお前は子供なんてとんでもないことをやったんだと、加罰するというふうに税金をかけているようなものですね。これはとんでもない話でして、物事の理屈がひっくり返っている。

なぜひっくり返ったのかというと、物事の原点というのを考えずに、こっちがおかしくなればこっちを埋める。あっちがおかしいならとりやすいところからとってこよう。これしか考えてないからです。

年金というのは世代間がお互いに助け合っていくための世代間連帯の基金です。従って失業者が増えてくれば当然ですがヨーロッパでは年金の開始年齢を引き下げるという運動が起きてきます。それは当然ですね、ヨーロッパのように労働組合の強いところでは勤続年限の短い人から首が切られていきますから、失業者は若い人達にたくさん出てきます。若い人達は例えばスペインでもイタリアでも一瞬のうちにドラッグが広がりますので、犯罪が増える、そして暴動が起きてしまう。その人々は我々に仕事を譲ってくれという運動を起こしてくる。年金の開始年齢を引き下げて、仕事を我々に譲ってくれ、その代わり、我々はからだが元気なんだからあなた方の老後は私たちが面倒を見ますという運動です。人類がこれまでやってきた原理にもう一度従って世代間がお互いに面倒を見る。これが年金の原理です。

ところが日本人は完全にごまかされて、年金というのは世代間の闘争の資金にされていて、どの世代が損だ得だという議論に追われ、一生懸命血眼になって議論を重ねているわけです。どうしてこんなことをやっていても世の中が持つのかというと、残念ながら我々の団塊の世代に失業が出ているからですね。

ご案内の通りこの不況で、１９９９年、９８年の2年間、3万人の自殺者が出ているわけです。

交通事故で死んでいる人が1万人で、日露戦争の戦死者を越えているわけです。3万人の自殺者というのは日中戦争での戦死者と同じ数字です。我々は大規模な戦争をやっているようなものです。戦時財政というのは当然赤字になるわけで、現在は戦争状態ですから、ここのところは我々の団塊の世代が自殺してしまっているわけですね。つまり団塊の世代で失業者が出てくるということは団塊の世代というのは麻薬にも走らない、犯罪にも走らない、ただ死んでくれる。しかも、じっと我慢しているから世の中が治まっている。

物事の本質を考えていけば、それはもう明らかに誤りである。年金というのは連帯の基金なんだし、お互いに助け合っていくための資金なんだということを考えていけば、世代間の闘争の資金にしてしまってはまずいんですね。

分権はいったい何のためにやるのか

では分権というのは一体何のためにやるのか、これも間違えては駄目なんですね。

地方分権推進法第1条に「ゆとりと豊さが実感できる社会を実現する緊要性に鑑みて地方分権を推進する」と書いてあるのですから、我々は「ゆとりと豊かさの実感できる社会」を作らなければならないということを考えて、分権を進めているんだということです。

ゆとりと豊かさはなぜ実感できないのかということですが、北海道はちょっと分かりませんが、東京の方では通勤ラッシュアワーがひどい。これを見たロンドンエコノミストが「あのラッシュアワーが人間で行われているからいいけれども、豚で行われたら大変なことになる。日本のラッシュアワーと同じ状況のトラックが豚を積んでロンドンの町を練り歩いたら、イギリスの王立動物愛護協会は決して見過ごさないだろう」と。こういうふうに報道したわけですね。私は網膜剥離を起こしてまして、いつ失明するか分からないわけですが、こういう時に早く診てもらいたいと思って東大病院に行っても、8時半に受け付け開始で診てもらうのは13時半とか、こういうことをやっているわけですよね、これ人間だから生きてられるわけですが、動物だったら死んでしまうわけですね。他の国でこんなに病院で待たせるとか、入院室が個室じゃないなんていうのは他の先進諸国では有り得ないことですね。ゆとりも豊かさも実感できなくなっている、おかしいのではないかと思う。

数年前に日本は世界有数のGDP、国民所得も豊かになったわけですね。日本は現在ペットフーズ、犬や猫の餌に4億円を費やしておりますが、世界の国の中でGNP、国民総生産が4億円いかない国が65か国ある。つまり一国の国民が生活できるだけのものを犬や猫の餌に費やせるだけ豊かになっている。しかし犬や猫はベンツかなんかで病院に行くんだけれども、人間の病院はあまりにも悲惨で惨めだ、これはおかしいということがまず分権の原点であるということです。

2　社会の構造転換　重工業社会から情報社会へ

そういうことは一体なぜ起きたのかということですが、まず原点、目的を見失わないこと。そしてなぜそういう目的が打ち出され始めたのかというと、私たちは今大きな歴史的な転換点、歴史の峠にさしかかっているわけですね。この峠を越えると全く違った風景が見えてきて、ヨーロッパなんかで全く違った言語を話すような事が起こりますが、全く違った時代風景ができてくるという時代に私たちは今生きているという事なんです。

百年前と同じ不況

今私たちが２０世紀末から２１世紀にかけて苦しんでいる不況と全く同じ不況がいつ起きたのかを歴史の中で見てみますと、今から百年前です。１８７３年にウィーンの株式市場が暴落しましてその後世界的に１８９６年まで物価が下がり続ける。そして最終的には第一次世界大戦が開始されるまで本格的に景気が回復しなかったというグレイトデフレッション、大不況という恐慌に会いました。

この百年前に起きた恐慌と今の不況は全く同じ不況なんですね。なぜ百年前にこういう恐慌が起きたのか、百年前も不思議なことに歴史の峠があった、それはどういう峠かというと、産業構造でいうと軽工業の時代が終わりを告げて重化学工業の時代に移る過渡期だったのです。それまでも軽工業、綿工業を中心とする工業というのは医療品とか、食料しか作れない工業だったわけですね。私たちが目にするもの、口にするもの、身にまとうもの、こういうものしか作れなかった。つまり私たちの体に付着するものしか作れなかった時代です。

ところが、１９世紀末になりますと重化学工業が出てきます。鉄鋼業が出てきました。しかし鉄鋼業は一応出てきたのですが、一度鉄道を敷いてしまうと需要がなくなってしまいますので、一度限りの需要でできると終わってしまうという需要しかなくて、鉄鋼業は過剰設備を抱えて不況に喘いでいた。そしてずっと不況になってしまったというのが19世紀末の不況なんですね。

第一次世界大戦の軍需景気でボーッと盛り返してくるわけですが、それまで不況に苦しんでいるというこういう時代だったわけです。

ところが20世紀になると、新しい戦略産業、重化学工業を引っ張っていく戦略産業が出てきます。一つは家庭電化製品、もう一つは自動車です。これは我々の人類にとって初めての経験でした。それは人間の手と足がスルッと延長していって、ポトッと切れて独立したものができちゃったわけですね。人間の手と足の代わりになるもの、自動車、家庭電化製品、洗濯機を考えてみれば人間の手と足の延長線上が独立したメカニズムになって、人間と対立するようなものを作れるようになった。そういう人間の手足の代替する機能を私たちのライフスタイルの中に取り込むという時代が20世紀のシステムとして生まれてくる。そうすると重化学工業が多軸的に関連して動いていくわけですね。これができるまで続く不況だったという事です。

重化学工業時代の終り

私たちが今生きている時代、これだれもが分かっているわけですね、今や重化学工業の時代が終わりを告げようとしている。例えばこれまで引っ張ってきた戦略産業である自動車、これは後25年するとなくなるわけですね。自動車をもっと作り続けたいといっても石油がなくなりますからこれはもう駄目なんです。従って気の利いた自動車会社、例えば今ＢＭＷは２７万円の自転車を出しておりますし、ポルシェは５６万円の自転車を出してますから、自動車会社はもう転換しているわけです。

ヨーロッパの町を行けば分かりますが、フライブルグでもどこでもですね、町の中には車を入れない。

一時札幌市長は駐車場税を考えてました。今どうなっているのかちょっと分かりませんが、町の中にとにかく車を入れない、駐車場税かけて車を入れない。その代わりに札幌もいち早く敷いたはずですが、トラム、市街電車を走らせるわけです。市街電車もＬＲＴと言われている電子制御で動く電車が走り始める。そしてそのＬＲＴは芝生の上を走りますから、もう道は芝生の上を走る電車と人間の歩くスペースと自転車が通るスペースでいいわけですから、道というよりも公園でいいわけですね。芝生敷きで、今一生懸命日本はコンクリート敷きをしてますが、芝生の緑に覆われた道でそこに自転車と歩行者が通れればいいという道を作ればいいという事で、ヨーロッパでは徐々に作り始めているわけです。ドイツが一番進んでいるのです。ストラスブルグの都市計画書では、ＬＲＴを町の中に敷いて、全部緑化をしてしまおうという政策を打ち出している。向こうは日本のような縦割り行政ではありません、総合行政ができますから交通政策と環境政策というのは同時に進められるということです。

芝生の上を走る電車、そして自転車と人が歩ければいい。そうするともう町はこれから変わってくるんだというふうに覚悟しないと駄目な時代にきているという事です。　因みに、この間沖縄へいった時に、「使い捨て税」を全沖縄に導入しろと言ってきたのです。つまり沖縄は島なんだから、完全に「使い捨て税」がいけるんだから、導入しろと。沖縄でも自動車を廃車してそのまま捨ててしまうのが多いわけです。

ところがヨーロッパでは、今、ほとんどの自動車には「使い捨て税」がかかってますから、膨大な「使い捨て税」をかける。そうすると自動車を例えば道府県、市町村の指定したところに持ってきて、きちんと廃車処理をすれば「使い捨て税」を返してあげる。それどころではなくておまけも付けてあげる。おまけを付ける理由は何かといったら、かかっている税金プラス持ってきた運送賃というのを考慮して、おまけを付けて戻してあげるわけですね。それから「バッテリー使い捨て税」、「剃刀使い捨て税」、蛍光灯は全部使い捨て税がかかってますから、蛍光灯を持って行けば使い捨て税かかっている。それからペットボトル、ビン、カン、こういうものに全部「使い捨て税」をかけてしまう。

これをやるにはきちんと設備が必要です。日本には自動販売機が並んでおりますが、ヨーロッパでは自動回収機が並ぶ。こういうふうにペットボトル、カンとどんどん返していく。するとレシートが出てきますので、レシートを持って行けばお金を返してあげる。こういう事ですね。こういうふうにやりますと子供たちは皆カンやビンを持って行ってどんどん返して、出てきたレシートでお金を集めて修学旅行にいく。つまり持って行ってどんどん返せばお金をくれるんですから、いわば国民全体が廃品回収業になってしまいます。町の中でどこかにゴミが落ちてないか、汚いものが落ちてないかと、こうなるわけですね。

そういう事を、他の府県だったらどこかで動いちゃうから、ちょっと難しいかもしれないけれども、沖縄だったらここだけでできるから早くやったらと提言してきました。北海道でもできるはずですね。ちょっと関門トンネルがありますが、北海道だけでやってしまう事は可能な話です。

ありとあらゆるところに「使い捨て税」をかけて、ちゃんと処理してくれたら戻してあげる。しかもおまけ付で戻す場合だってあるということにすればいいわけですね。

これからの「戦略産業」を作り出すには

社会全体が大きく変わって来始めたということは、もう誰もが分かっている。重化学工業の時代は終わりを告げ、これからは知識や情報の時代だと。

言い換えると、これまでの時代というのは、私たちの手と足の延長が伸びていってポロッと切れてできたものの時代だったのですが、これからの時代は私たちの神経、頭脳の延長線上のものがポロッと切れて独立したものができてきたということですね。従って私たちの神経や頭脳の延長線上が独立したメカニズムになったものを、私たちのライフスタイルの中に取り入れていくという生活様式を作らない限り続く不況だということです。

誰もが、知識情報の時代になるということ、そして重化学工業の時代の鉄鋼業に当たるものが金融だということは分かっている。なぜなら情報はすべてお金に乗りますので基礎産業はおそらく金融になるだろう。しかし残念ながら自動車や家庭電化製品に代わる戦略産業が出てきていない。そうすると戦略産業が出てくるまでこの不況は続いていくと覚悟しなければならない。そういう時代に私たちはさしかかっているということになります。こういう過渡期に一体何をしたらいいのかということですが、新しい産業構造を作り出すしかないんですね。

新しい産業構造を作り出すのには一体何をしたらいいのかというと、やることは二つあります。

① 社会的セイフティ・ネットを作る

一つは、社会的セイフティ・ネットを作ること。なぜなら、これから新しい産業に向かって冒険してもらわなくてはいけないですね。冒険して失敗した時に死なないように、セイフティ・ネットを敷くことです。セイフティ・ネットというのはサーカスの空中ブランコや綱渡りで失敗した時に落ちても死なないように敷いてあるネットです。そのような社会的なセイフティ・ネットを敷いておくことがまず第一に重要なことです。新しい産業に冒険してください。チャレンジして失敗しても、政府がちゃんとネットを敷いている。

19世紀末にドイツの鉄傑宰相ビスマルクがこの社会的な安全のネットとして社会保険を作ったわけです。あの1870年代におきた大不況の中でビスマルクは社会保険を作って新しい重化学工業にチャレンジしやすいようにした。その代わり失敗したら失業保険、病気になったら医療保険、歳を取って働けなくなったら年金というふうに、ちゃんと市場の外側で政府がお金を配ってあなた方の生活を守るから、安心して冒険してくださいねというシステムを作ったということですね。

② 社会的インフラストラクチャー・ネットを作る

もう一つは、これも社会的なインフラストラクチャーのネット、つまり新しい産業構造をつくるための前提条件を作ってあげる。そして新しい産業構造が出てくるのを待つということです。例えば19世紀末であれば重化学工業が出てくるための共通の前提条件である全国的な鉄道網の整備、全国的な港湾のネット、それから全国的な道路網と重化学工業のインフラストラクチャーを作って、新しい産業である重化学工業が出てくるのを待つ。

こういう二つの政策をうつしかないんです。そうしない限り新しい政策は出てこない。日本のように「社会的なセイフティ・ネットがあるからモラルハザードが働いて、皆冒険しなくなっているんだ」ということで外してしまうとどういうことになるか。皆ネットがないよと言われたんですから、もうビビってアクロバットしなくなって、消費を控えて貯蓄に走る。いつまで経ってもこの不況は続いていくということになるわけですね。

20世紀末不況での三つの政策パターン

ではそういう時にどういう政策をうったらいいのかということを具体的にみていきます。今この不況の中で大きく三つの政策パターンがあります。

①　景気回復のみを追う

一つは日本のパターンです。景気回復と財政再建、不況になれば必ず景気も財政もやられますので、景気回復と財政という二兎を追ったら駄目なので、景気回復という一兎だけ追って財政再建という一兎を追わない。二兎を追うものは一兎を得ずだと、こういうふうにいって財政再建は追わずに、景気回復だけを追った国です。

逆のパターンがあります。**図表2**を見ていただきたいのですが、これは一般政府財政収支ですから、国の財政、地方財政、社会保障基金の財政、この三つの財政を合わせた財政赤字です。

バブルがはじけた年、１９９３年を見て頂きますと、日本は財政赤字は世界で最もよかった国です。ＧＤＰ比で１・６の赤字で止どまっていたわけですね。国内総生産比で１・６に止どまっていたわけです。しかし日本は二兎を追うものは一兎を得ずで財政再建はあきらめてしまおうというふうに言っているわけですから、ドッと悪くなって１９９９年で７・８まで落ち込むということですね。

②　財政再建のみを追う

それに対してドイツやフランスは同じ二兎を追うものは一兎を得ずなんだけれども、財政再建という一兎を追おう。そして景気回復という一兎を追わない。なぜなら、この不況は循環型の不況ではなくて歴史の峠を越える不況なんだと、その時に一番何が必要なのかというと、財

図表２　一般政府財政収支の対ＧＤＰ比

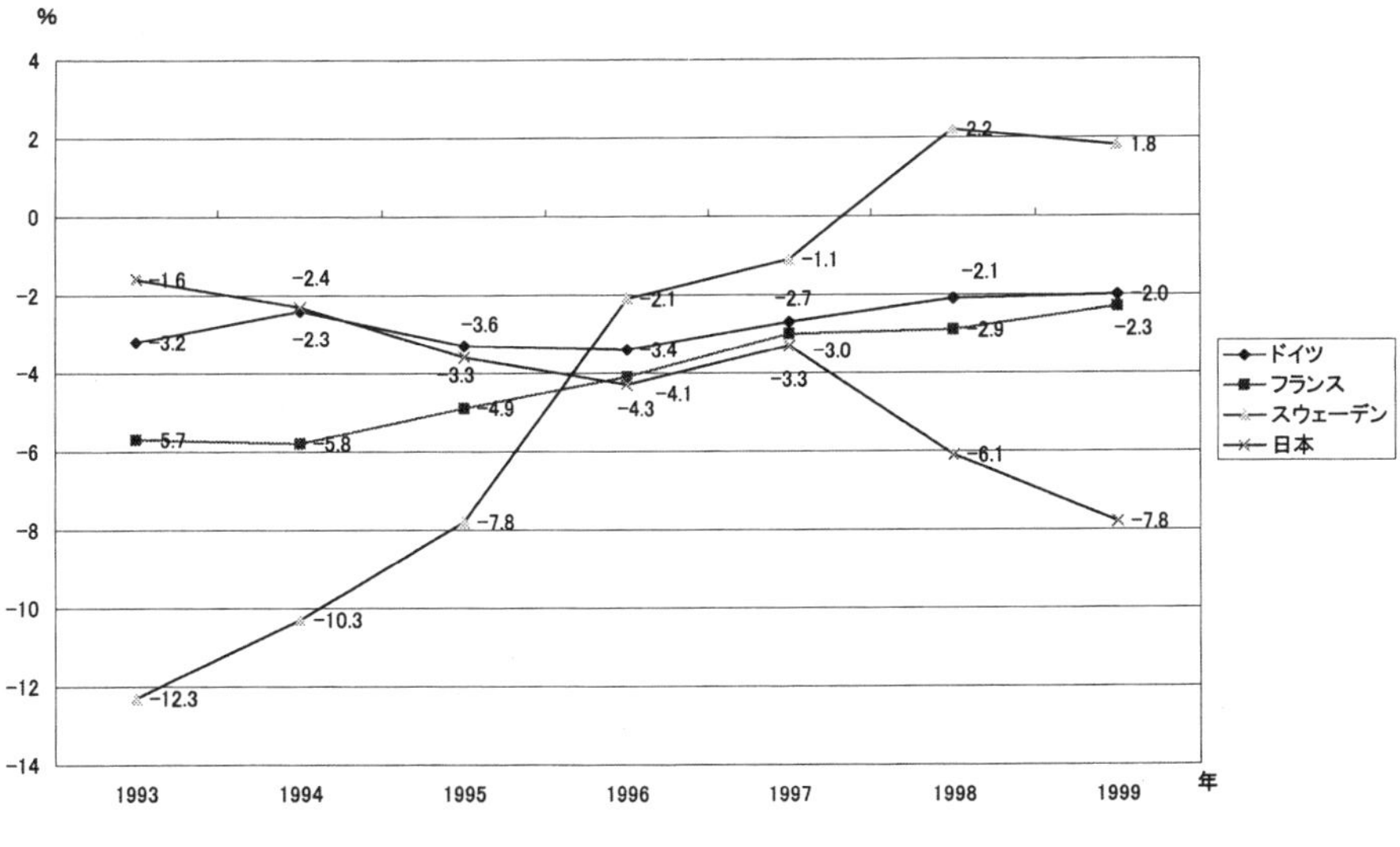

政収支を均衡にして、通貨を安定化させる。そして通貨が安定化すれば金融、つまり次の情報や知識の時代を支える基礎産業である金融が活性化するから、通貨を安定させる必要がある。そのためには財政収支を均衡化させる必要がある。しかも統一通貨を作りだしちゃおう、なぜなら情報や知識が国境がなくなって経済はボーダーレス化しグローバル化するんだ、それに対応するには国境の枠を外してしまった方がいい、だからユーロという統一通貨を作り出そうというふうに決めた国であります。

ヨーロッパはマーストリヒト条約で1997年には財政収支の赤字を3％以内に抑えようという条約を結びました。その結果、ドイツも1993年には3・2の赤字だったのですが、2・7と3％をクリアしております。フランスは5・7だったのですがこれが1997年には3・0、ぎりぎりセーフでもって マーストリヒト条約をクリアしたということです。

ところがスウェーデンはどうなったのか。スウェーデンは日本と同じように完全にバブルに踊りましたから1993年には12・3％という絶望的な赤字でした。スウェーデンはブリッジバンクというのを作って、どうにかやろうと必死になって苦労をしていたわけです。日本も真似して新生銀行というのを作りました。

しかし、スウェーデンは日本と違って輸出立国です。日本みたいに輸出に依存していない国ではないんですね。日本の輸出依存度というのはわずか10％ですが、スウェーデンは40％も輸出に依存していますから、財政再建もユーロに参加するということも、それから景気回復も国際競争力を強めることも両方やらなければならない。

二兎を追わないと駄目なんだということで1997年にはマイナス1・1まで戻しました。その後スウェーデンは1998年から財政を2％黒字にして、10年間2％の財政黒字を続けて、これまであった財政の赤字を全部償還してしまおうと計画しました。

3　各国の不況克服の成果は　差が出てくるのは何故か

そこで1998年を見て頂きますと、プラスの2・2の黒字財政に転換して、しかし計画を2％オーバーしてしまいましたから、その次の年の99年では1・8に落して帳じりを合わせたということですね。そして2％の黒字を続けていこうというふうにしたわけです。

そうすると、今度は景気回復はどうだったのかを見ていただきますと、景気回復の方は日本は一兎を追ったのですから失業率は減ってもらわなくては困るわけですが、１９９３年を見て頂きますと（図表３参照）フランスは１１・６％、しかしフランスは景気回復をあきらめて緊縮財政をうって、１９９７年までに急速に財政を引き締めて通貨を安定させることをやりましたから、１９９７年に向かって失業率は高くなっていきます。そして１９９６年に１２・３％に達した時には、公企業体の労働組合がゼネストを打つ、そして１９９７年には１２・５％に達しますが、この時には公務員がゼネストを打ち、それに民間の労働組合が呼応するという形で全土にストライキが広がって、結局、政権がひっくり返って、政策を転換せざるを得なくなってしまったということですね。

ドイツはどうだったのか、１９９３年には８・８でしたがドイツも緊縮財政を打ちましたので、１９９７年に向かって失業率は高くなっていき、１９９７年に１１・４％という失業率の高さを記録しました。この時にはドイツで戦後最大のストライキが打たれ、結局１９９８年、その翌年にはシュレーダー社会民主党政権・ＳＰＤ政権が出来上がって、結局ここも政策転換ということになるわけです。

さて日本を見て頂きましょうか、日本は１９９３年の時には２・５です。非常に低い失業率でした。ただしこれは皆さんもご存じの通り完全失業率で、失業率の取り方がちょっと違うので、国際比較する場合には倍にして読めというふうに悪口を言う人がいますが、倍にして読んだところで5％ですから低い数字だったわけですよね。ところが一兎を追った日本はその後1999年に向かって倍増していくわけですね。ほぼ二倍に失業率が高まっていくという悲惨な状況になっております。

北海道で取ればとうの昔に5％を越えておりますから、失業率は非常に悪化するということになってしまったわけですね。

スウェーデンはどうだったのか、スウェーデンは1993年に8・2％でしたが、財政を黒字にすると同時に失

図表3　失業率

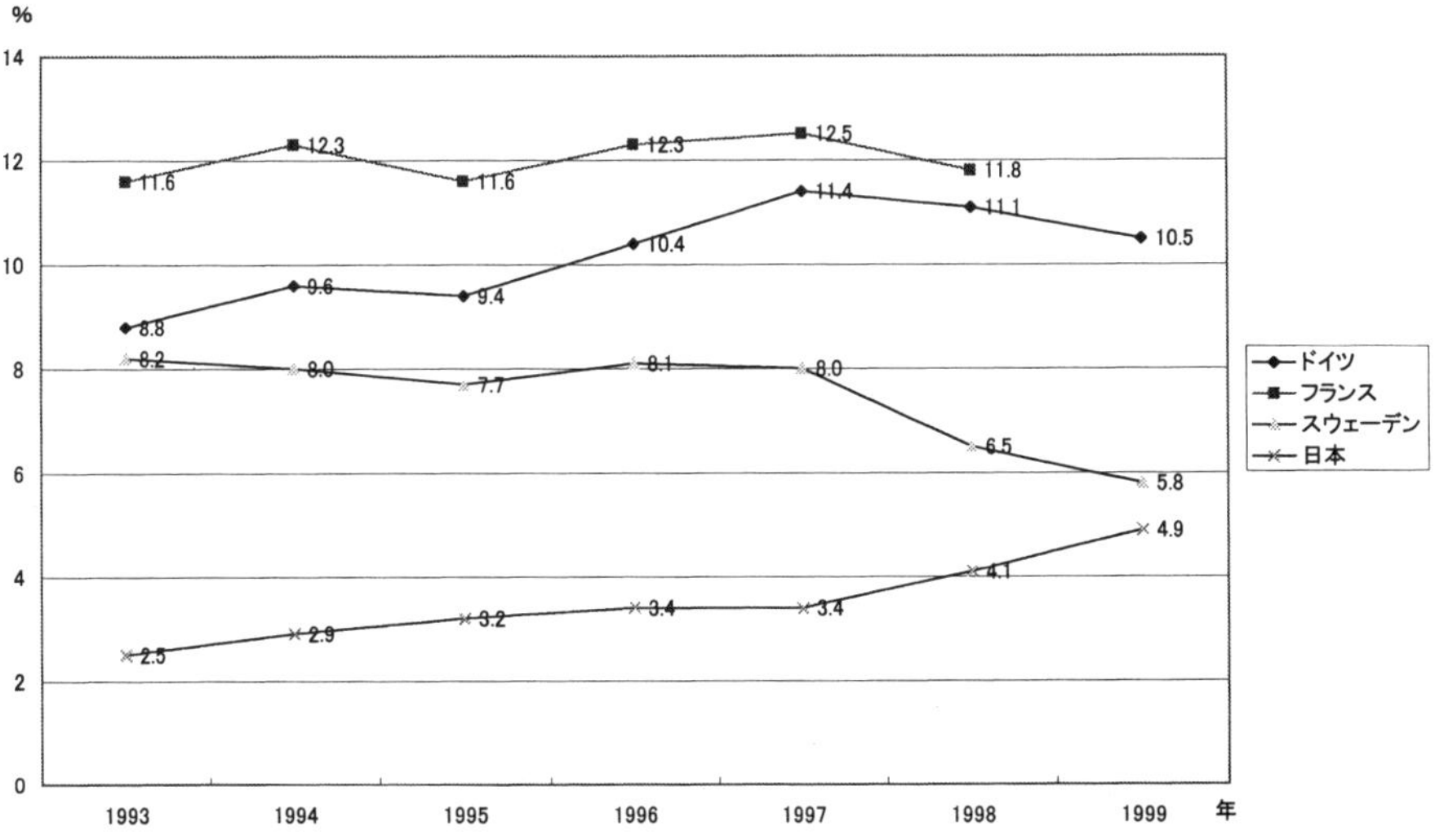

業率は急速に低下して5・8%です。今年の、スウェーデンが回復してくれないと私の理論は全然駄目でいつも見に行かないとまずいんで、2月に見に行った時がもう4・0でしたから、日本のいんちき統計を抜いていると、こういうことですね。

そういうことをいうとまあ成長率もあるよと言われますが、成長率を見て頂きましょうか、(図表4)1993年で見ていただきますと、日本はプラスの0・5でした。しかし現在は1998年にマイナス2・2でした。ただし1か月前ぐらいに出た統計で1999年にはようやくプラスの0・5に戻したと

図表4　各国の実質GDPの伸び

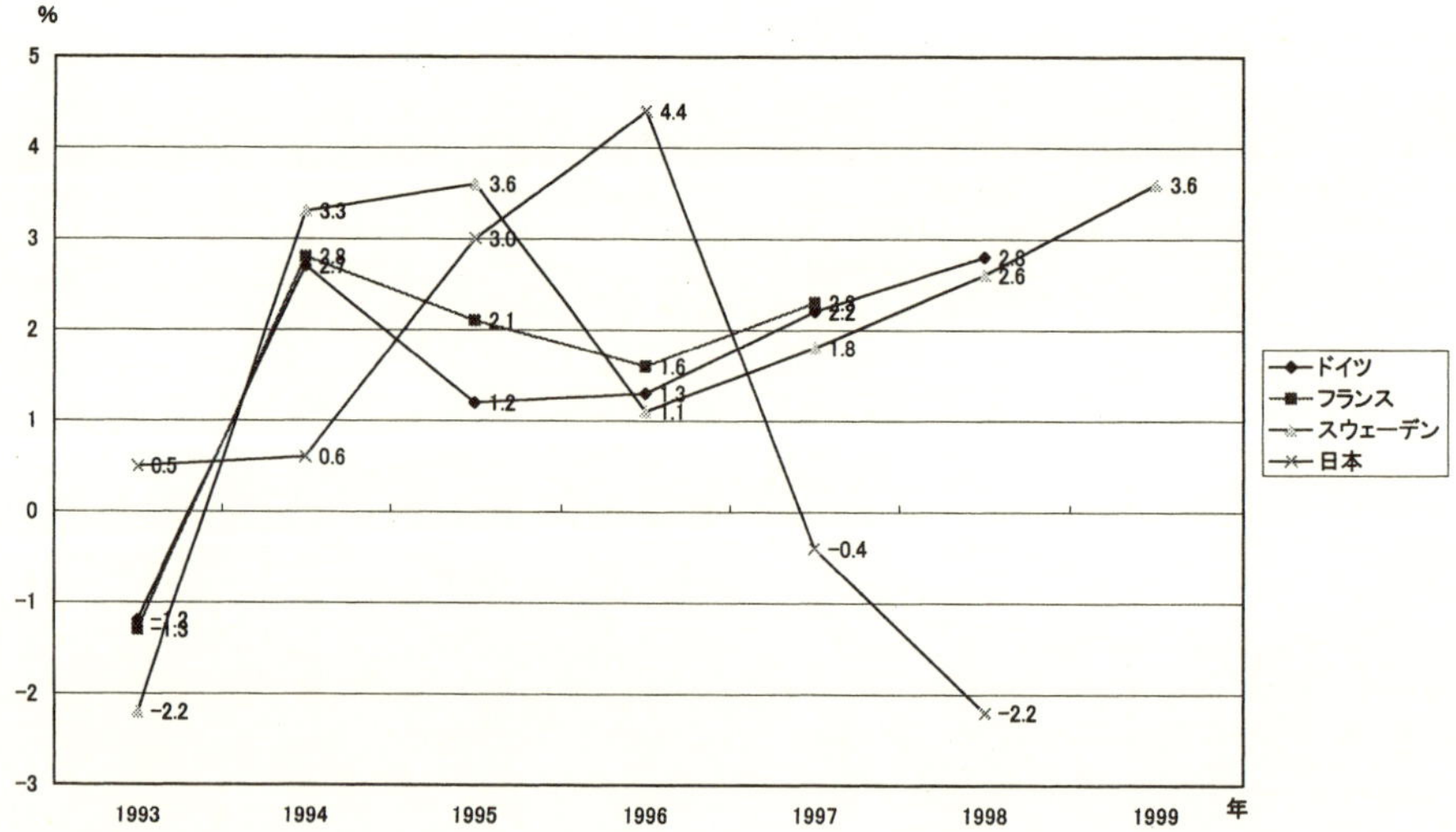

いうことですね。ところがスウェーデンは1993年のバブルに踊った年はマイナス2・2でしたが、現在では3・6になっている、いったいどうしてこんな差が出たのか、二兎を追うものは一兎を得ずだといったのはどうしたのかということになるわけですね。しかし日本は今完全に日本固有のものに関する自信を無くしています。日本は本来は「二兎を追うものは二兎を得ず」というのはグローバルスタンダードといっているわけで、これはローマの諺です。日本の諺では「虻蜂取らず」といっているわけですね。「虻蜂取らず」というのは皆さんご存じの通り蜘蛛のネットに引っ掛かった虻と蜂を両方採ろうとした蜘蛛のネットがボロボロと破けてしまって、虻も蜂の取れなかったという話ですね。

私が今日お話ししたいのは、ネットが強ければ虻も蜂も採れる。ネットが弱ければ虻だけ採ろうとしても両方とも採れないんだと、こういう話です。

スウェーデンは何をやったのか

従って今私たちは何をやらなければならないのかということを考えてみますと、スウェーデンは一体何をやったのかということを考えてみればいいわけです。

スウェーデンはまず財政再建をしようということを国民に訴えたわけです。この国民にとっての共同の困難である財政を再建しよう、財政を再建するのは何のためにするのか。それは福祉を充実するためだ。だから財政債務を累積させておくと将来の世代の福祉に影響するから黒字にして全部償還してしまおう。こう考えているわけです。

つまり彼等の言葉で言うと、強い福祉のためにストロングファイナンス、強い財政を築こう、これがスウェーデンの方針です。

そしてまず経費を削減しました。ヨーロッパで景気が悪くなって財政が破綻するのは失業保険ですから、失業保険の給付率を、それまで賃金の90%を保障していたのですが、それを段階的に75%まで引き下げました。経費を削減すると必ず弱い者、貧しい者に痛みが行ってしまう。そこで豊かな者、強い者は税で痛みを分かち合ってほしいと訴えて弱い者、貧しい者は経費で、豊かな者は税で痛みを分かち合おうということで所得税の税率をバンと上げて、財政を再建した。つまり経費の削減と増税をした。

① 教育投資の重視

しかも景気回復をやらなくてはいけませんから、経費の中身をガラッと変えました。

何に変えたのかと言うと、一番重視したのは人間の能力である。経済が活性化するためには何が必要なのか。それはその社会を構成しているかけがえのないそれぞれの個人が、それぞれの個性を発揮して最大の能力を発揮していったときに社会というのは活性化するんだ。すべての人々がそれぞれの固有な能力を最大限発揮すれば経済は活性化する。そのためにはまず教育である。これが教育投資を重視した理由です。

経済成長と雇用の確保と社会的正義、ソーシャルジャスティス、つまり所得の平等な分配、この三つを同時に達成しようとすれば教育しかない、すべての国民に徹底した教育をしよう。そして貧しい人々も能力が高まれば必ず所得間格差というのは是正される。人々の能力が全部高まって行くんだから能力の高い人間というのは必ず雇用される。そして人間の能力が高まるのだから生産性も上昇するんだと、こういうふうに考えたわけです。

同時にこれからの時代というのは新たな産業を作っていかなければならないから、すべての人々が教育を受け、勉強をしていけばそこに研究が蓄積される。その研究開発を地域産業の発展のために中小企業を中心に技術移転して、産業を活性化しよう。こういうふうに考えました。

今GDPに占める研究開発費の世界で一番大きいシェアを誇る国、それはスェーデンで3・9%です。日本はわずか2・8%にしかすぎない。もちろんノーベル賞の国ですから当然ですが、そういうことで教育投資を重視したというのが第一です。

②　環境の重視

第二番目は環境です。経済を活性化するためには人間が能力を発揮するだけではなく人間が健康でなければならない。健康でなければ経済は活力を見出ださない。健康にするためにはどうしたらいいか、環境をよくするしかないんだ。もしも地球が温暖化したらどういうことになるか、それまでおとなしくしていたO157という大腸菌が赤痢菌と同じ日本人が発見したシガ毒素を出すようになってしまう。シガ毒素を出すようになっていくと、O157にやられて病気になって仕事ができなくなってしまう。そんなことになったら経済が活性化しません。だから環境をよくしなければ駄目だということで、皆さんもご存じの原発も止めましたし、徹底した環境教育をやります。

スウェーデンの環境教育はすべて子供がやります。子供が環境教育を親にやりますので、正当な議論を子供に吐かれると親は子供に口答えができませんから、環境が充実していくわけですね。子供に徹底した環境教育をやり、子供に親の教育をさせる。

しかもここにスウェーデン人の勉強に対する人間観が出ていますね。何かを学ぶということは常に人間の心の中のプロセスです。このことは誰かが何かを教えてくれるだろうという期待を持つことができないことを意味します。あなたは自分で学ばなければなりません、あなたが教師として他人に何かを教えるということも確かではありません。しかしあなたは他人が自ら学ぶ状況を作る手助けや他人に学ぼうとさせる刺激を与えることができます。人は誰でも適切な動機付けがあれば驚くほどの早さで学習するものなのです。これがスウェーデン人の人間観です。

人間は誰でも一生懸命働く、サボっている人がいればそれは適切な動機付けができていないからだ。適切な動機付けができれば驚くほどの早さで学習をし、驚くほどの早さで仕事をするようになる。この信念があるかどうかで社会の作り方が全然違ってくるわけですね。

環境は人間の活力を増すだけではない。同時に、環境は技術革新の宝庫だ。環境政策を重視すると新しい産業が技術革新で生まれてくる。日本は規制緩和をすると新しい産業が生まれると考えているんですね。規制は強化しないと新しい産業は生まれません。

例えば日本の車は排ガス対策は非常に優れている。なぜか、これは規制が厳しいからどうにかクリアしようとして工夫するから新しい技術革新が生まれるわけです。ヨーロッパの車が安全対策がいいのは何故か、それはヨーロッパの車というのは安全基準が厳しいからで、どうにかクリアしてやろうとするわけですね。臓器移植を認めれば臓器移植をしないでその病気をどうにかクリアしようという努力は失われてしまうわけですね。

人間というのは、規制を強化すればそこをどうにかする。人間の能力を信じるかどうかという人間観になるわけですから、もしもそこで新しい産業をやろうとおこせばこの環境を強化してやる、規制を強化してやる、そうすればそこで新しい技術が生まれてくる、こういうことですね。

同時に環境というのは、技術革新の宝庫だけではなくて市場の宝庫だ、市場が環境によって広がれる。私の友人でドイツのＢＭＷの常務取締役がおりますが、彼が言っている。「日本の自動車はリサイクルが遅れている。リサイクルのためには、日本のように組立て性を考えて設計するのではなくて、解体性を考えて設計しなければいけない。しかもリサイクルをしますのでものすごくコストがかかる。従ってＢＭＷ車はコストが非常に高い車になってしまいます。しかし環境にいい車を消費者が欲しがらないわけがない、どんなに高くても環境にいい車を作れば売れる、日本人は環境を愛している。従って高くてもＢＭＷを買うんだ」と。

従って船積み価格で国内で販売する価格の１５％アップして日本に輸出しているんです。これは高く売っても文句を言えないんです。日本にＢＭＷ車は生産高のわずか5％しか売っていないのですが、利益の４０％を日本から稼ぎだしている。「ほらみろ、日本国民は環境を愛しているんだ、高くても買うんだ」と。

考え違いはしているんですが、答えは合っているんですね。環境を整えておけば市場の宝庫になる。

③　IT（情報技術）の充実

三番目はITですね。これからは市場知識や情報の時代なんだから、ITつまり情報技術を充実させなくては駄目だ。しかし、この情報技術で重要なのはハードウエアではない。つまりハードウエアだけ充実してしまうとどういう事が起こるのかというと、情報技術にアクセスできる潜在的な能力のある人と、潜在的な能力のない人との所得間格差が生まれてしまって、アメリカみたいになってしまう。つまりデジタルディバイルが働いてしまうと、こういうふうに考えたわけですね。一番重要なのは情報、ITで一番重要なのはソフトウエアであり、そのソフトウエアを担う事のできるヒューマンウエア、人間そのものなんだ、やはり教育なんだという事に戻ってしまうんですね。

教育は何をやるか、先程ちょっと教育のところで何を具体的にやったのかというのをご紹介し損ないましたが、まず学校教育を徹底しました。これは当然のことですね。情報関係を含めて子供たちの教育を徹底しました。それとリカーレント教育、再教育ですね、すでに社会人になってしまっている人を教育する。この再教育というのはただでやるのがミソなんです。しかも賃金を保障してやるのがミソなんです。

タイムコンプレッション、時間圧縮で、これから30年間、人類がこれまで30年間かかった変化が10年間で起きてしまう。これまでは学校を出てから学校で受けた教育でもって30年間生きてこれたかもしれないけれども、今からは10年間しか生きられない。そうなってくると再教育をしてあげなくてはいけないんだという事で、リカーレント教育で年間20万人ずつ引っこ抜きまして、80万人の教育をやりました。向こうの人口は800万人ですから、どんなに多くやったかということですね。

ITも同じことです。ITも今国連が発表している統計によりますと、ITを教育する者、この教育スタッフが全世界で100万人不足していると言われておりますが、スウェーデンでは6万人雇用計画というのを立てて、ITを教える教育者を6万人雇用して、そして全国民にITの教育をしてしまおうとしています。

これはフィンランドも同じです。フィンランドも皆さんご存じの通り、フィンランドの一青年が作ったリナックスなんていうのは、マイクロソフトを倒産させたんじゃないかというような、そういうソフトを作ってしまうわけですが、それは何かというと、それは教育が徹底しているからです。

④ 福祉の充実

そして最後にストロングウエルフェアつまり福祉を充実してあげる。人々が安心して冒険できるように福祉を充実しよう。しかも、子供を安心して育てられるように、特に保育園を重視したんです。そしてお年寄りの面倒、向こうは保育園はできるだけコミュニティごとに小さく、そして家庭と同じようにというのが原則です。ご存じの通り向こうの保育園は年齢別クラス編成は禁止で、兄弟姉妹別クラス編成、つまり年の違った人々とお付き合いできるようなクラス編成にしておりますので、家庭と同じように老人ホームも同じ事ですね。全く家庭と同じように作ってあげるという政策をうって、安心して子供を生み歳を追う事のできる社会を作って、セイフティ・ネットをはってあげるということです。

これによって何をやったのかというと、安心して冒険できるのと同時にこれからの知識や情報のインフラストラクチャー、それは教育、人的投資そのものですから人的投資に充実した。

つまり、19世紀末だったらいいのですが、日本のように公共事業をやっても景気は回復しないんです。20世紀末というのは情報知識の時代なんです。それを支えてくれるインフラストラクチャーというのは教育です。つまり人的投資、それから福祉、セイフティ・ネットも現金を配るのではなくて、現物で、つまりサービス給付でキチッと張っていって安心していく社会を作っていくということが重要になってくる。

ちゃんと将来の２０世紀の安全のネットと社会的なインフラストラクチャー。この二つのネットをキチッと作ったから新しい産業が生まれてくるということなんです。

図表５の１９９２年から１９９８年に向かって見てください。知識集約産業は倍増しています。スウェーデンの

図表５　スウェーデンの産業構造の変化

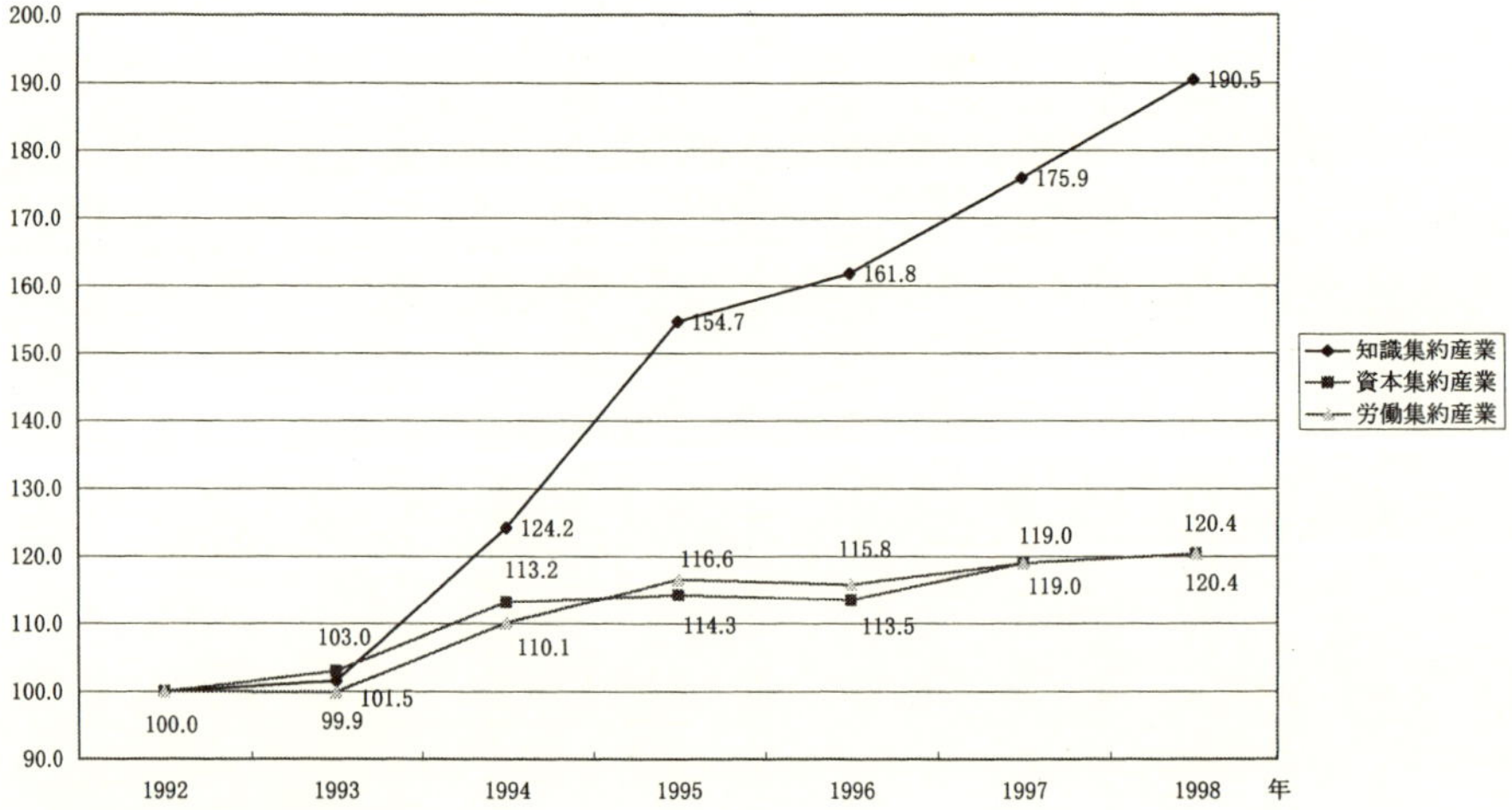

※1992年＝100 とした付加価値指数

産業構造がガラッと変わっていることがお分かりいただけるだろうと思います。もちろん景気が回復しておりますので資本集約産業、つまり重化学工業が伸びていないわけではありませんが、大きく産業構造を変えたということですね。

ヨーロッパに行っていただければ分かりますが、情報産業がスウェーデンのエリクソンと、わずか人口500万人の国フィンランドのノキアに席巻されてしまっているんですね。携帯電話なんかエリクソンとノキアしかもうないという状態です。知識や情報部門では完全に北欧にやられた。これが北欧が経済成長をしている秘密なんですね。

世界競争統計というのがありまして、情報化にどれだけのっているのかという統計を見てみますと、残念ながら日本はのっていないんですね。47か国統計がありますが、そのうち例えばインターネットの一人当たりアクセス回数は26位。情報化が進むと在宅勤務が進むことになるのですが、これは47国中47位なんですね。日本人はいづれも狭い部屋が好きなものですからとにかく肌を寄せ合って仕事をするのが好きなものですから、在宅が進まないわけです。

そういうふうに乗り遅れているわけですが、情報にのっている国は残念ながらアメリカでもないんですね。すべて北欧にやられておりまして、フィンランド、スウェーデン、デンマーク、この辺に皆軒並みやられているというのが現状です。

4　社会的セイフティ・ネットの張り替え

そういうふうに見てみますと、今いったような形で教育や福祉でもってキチッと次の時代のインフラとセイフティ・ネットを張っておいて、産業構造を変えることが重要になってくるのですが、今このインフラ・ネットとセイフティ・ネットを張り替える仕事をするのが地方公共団体なんです。

つまり、19世紀から20世紀にかけては重化学工業の時代、中央集権の時代だった。この時代は社会的なセイフティ・ネットをお金で配った。お金で配るのは全国統一的にやらなくては駄目なんですね。お金を地方公共団体が配っては駄目なんです。

お金を配るということをやるとどういう悲惨な目に会うか。

例えば、札幌市がお金を配ったらどういうことになるかといえば、貧しい人々がわーっと札幌に集まってくる。そうすると札幌市は、貧しい人からお金をとって貧しい人に戻しても意味がないのですから、お金持ちから税金を取って貧しい人に戻さなくてはいけないわけで、札幌市に住んでいるお金持ちに税金をかけざるを得ない。そうすると地方政府というのは境界を管理しない出入り自由な政府ですから、お金持ちは札幌から逃げ出して他のまちへ行ってしまう。その後を貧乏な人がまたおっかけていく。

現金給付をやっては駄目なんです。現金給付をやるなら、国境を管理して逃げられないようにしないと駄目なんです。財政学の方では追跡効果と言いますが。

駄目だというのに手を出す。するとどういうことになるかというと、国民健康保険、市町村でああいうお金を配るというようなことをやらせては駄目なんですね。財政が破綻します。日本は「失敗の研究」という本がありますが、失敗すると失敗の方にくるんですね。国民健康保険で失敗したから次は介護保険だと、介護保険またやってますがこれも失敗する、これは目に見えているわけですね。現金を配ってはダメ。

特に医療とか介護保険というように市場原理で医療や福祉のサービスを出しておいて、そのお金を後で保険で裏打ちをするというような形で配り始めると、これは破綻します。そういうやり方ではなくてサービスでキチッと配っていかなくてはダメだということですね。そういうふうなことをキチッとできるか否かということが勝敗を決めつつあるということです。

そして地方分権を進める意味というのは一体何だったのかということをもう一回考えて頂くと、今いったような形でキチッとした社会的な安全のネットを張ること、それから社会的な次の時代のインフラストラクチャーを張ること、これが地方分権の意味だったんですね。

日本で地方分権ということが言い始められるのは1980年に第二次臨調ができた時です。この時には中央の国の財政再建のために地方分権を進めようということでしたので、補助率の切下げなどはやられてしまいましたが、その後1990年に第三次行革審ができて、第三次行革審の「豊かな暮らしづくり部会」が地方分権を打ち出します。この時には豊かな暮らしを進めるために地方分権を進めよう。日本は何だかしらないけれども豊かさが実感できない、それはなぜか。地方公共団体、多様な地域社会ごとにそのニーズにあった公共サービスがちゃんとインフラストラクチャーでも安全のネットでもキチッとその地域社会の実情に応じてサービスが出ていっていないからだというふうなことに変わってきたわけです。

なぜ変わったのか、それは1989年にゴールドプランができるからです。ゴールドプランというのは何なのか。これはそれまでお金を配って年金とか医療保険とかやっていた安全のネットを現物給付で社会的な安全のネットに張り替えようということです。現物給付でやろうとすると、これは地方公共団体しかできません。地方公共団体は現物給付しか手を出してはいけないし、現物給付は地方公共団体しかできない。そこで地方公共団体に分権して地方公共団体にちゃんとした安全のネットを張っていかせよう。

その後1995年にはエンゼルプランが出てくる。お年寄りの広い意味での「養老」、子供たちに「育児」、これを地方公共団体がキチッと担いながら安心して子供を生み育てる社会を作ろう、そして生涯をおえる事のできる社会を作ろう。それが地方分権だったわけですが、進まないために現在のような自殺者が増えて平均寿命が短くなっているような悲惨な状況に陥ってしまっているわけですね。これを解決するためには分権を進めなければいけないわけです。

Ⅲ　ゆとりと豊かさを求めて

1　お金儲けを「してよい領域」と「してはいけない領域」

それでは、ゆとりある生活、豊かさを実感できる社会をどのように作っていくのか。

まず、社会はお金儲けをしていい領域とお金儲けをしてはいけない領域が組み合わさらないと旨く機能しないのです。

「競争原理」というのは人間が相互に敵対しあっていて、他人が勝てば自分が負ける。自分が勝てば他人が負けるという関係を作り出す原理です。

「協力原理」というのは何かというと、自分が勝てば他人も勝ってしまう。自分が負ければ他人も負けてしまうという関係を作り出す原理です。両方とも「自己的」であって構わない。仕組みとして自分が失敗すれば他人も失敗してしまう、家族なんていうのはそうですね。自分が失敗したら家族全員がダメになってしまうわけですから。

そういう関係を作り出しておくのかそれとも他人が勝てば自分が負けるという関係を世の中の仕組みの中にインプットしておくのかということです。

私たちはいつも活動の領域を、お金儲けを「していい領域」とお金儲けを「してはいけない領域」と分けて、お金儲けをしていい領域で競争します。お金儲けをしていい領域というのは何かといえば、人間の欲望を満たす領域です。

人間の欲求の中には二つあるんですね。一つはニーズです。人間が生存していくのに必要不可欠なもの。ニーズというのは欠けているところという意味ですね。必要不可欠なもの。もう一つはニーズを越えて膨れ上がっていく欲望です。この二つです。

欲望の方は競争原理・市場原理でサービスを配ってしまって構いません。言い換えれば購買力に応じて配るということです。生きていくために必要じゃないんですから、欲望なんだから配ってしまっていい。

ところがニーズ、生存に必要不可欠なものは必要に応じて配らなくてはいけない。ニーズに応じて配らなくてはいけないんです。購買力に応じて配っては駄目なんです。家庭の中を見てください。家庭の中では完全に「協力原理」で必要に応じて配っている。「市場原理」でやってしまうと赤ちゃんなんかたちまち死んでしまうわけですね、購買力を持ってないわけですから。だからそこのところは家庭を作って必要に応じて配っていく。

市場は「ニーズ」を満たすのが苦手

市場に選択の自由があるというふうに言いますが、あれは嘘です。選択の自由はありません。市場で選択ができるのは市場が提供してくれるメニューの中からだけです。

私たちは人間として生きていくために食料が必要ですが、食べ物を市場から買おうとすると外食ということになりますね。外食というのは、市場のメニューの中から選択するわけですが、市場は欲望を満たすことはできますがニーズを満たすことは非常に苦手です。従って外食をしていたらどういうことになるかというと、ニーズを満たせないから脂っこいもの、塩分の多いもの、すぐ成人病になって死ぬわけです。

そこで私たちは何をやるかというと、食料について言えば、原材料だけ買ってきて家庭の中でアンペイドワーク、無償労働をしてニーズに応じて加工して、赤ちゃんには赤ちゃんのニーズに応じて、お年寄りにはお年寄りにいいように加工してあげて、ようやく生きていける、生存できるわけですね。

その代わり家庭という中ではニーズは満たせるけれども欲望を満たそうとすると市場に適わない。グルメとか美食をやろうとしたらもう絶対市場に適わないですね。この二つの原理を組み合わせて私たちの社会というのは成り立っている。

市場の方は競争原理で戦って構わないわけです。しかし公共部門、お金儲けをしてはいけない領域では戦っては駄目なんです。

護送船団方式は「協力原理」

護送船団方式という言葉があります。護送船団方式というのは協力原理です。船足の速い船は船足の遅い船に気遣ってスピードを緩めてあげる。そして船足の遅い船は船足の速い船に迷惑をかけまいと思って必死にくっついていく。そのことによって敵に一致団結して動くことによって敵の攻撃から免れる。これが護送船団方式ですね。

公共部門とか家庭の中では、この護送船団方式でやらなくては駄目なわけですね。

日本が考え違いをしているのは市場原理でやらなくてはいけないところに護送船団方式をやって、公共部門の方で政府間で競争しろと言っている。こんなわけの分からないことをやっていたら世の中潰れるに決まっているんですね。

お金儲けをしていいところでは競争させていいんです。しかしお金儲けをしてはいけないところでは競争させては駄目なんです。協力させないと駄目なんです。この二つの領域がきっちりと組み合わさらないと駄目です。

私たちは家庭の中ではタダでサービスを配ります。タダで配っているのはどうしてかというと、アンペイドワーク、無償労働をする人がいるからなんです。タダで家庭の中で働いてくれる人がいるから配れるわけですね。しかし原材料は買ってこなくては駄目ですよね。原材料を買ってくるためにはお金を払わなくてはいけないわけです。このお金はどこから取ってくるのといえば、このお金はしようがない、家庭が持っている労働を売って賃金を持ってくる。

市場社会で必要な二つの保障

そうすると私たちの市場社会での生活というのは何を保障してあげればいいかというと、賃金と無償労働を保障してあげる。この二つがセットになって始めて私たちの生活は成り立っているということです。

さて賃金を失った時はどうするか、正当な理由で賃金を失った時は、何が動くか。社会保険です。老齢、疾病、病気、失業、そういう正当な理由で賃金を失ったらば社会保険で賃金を保障してあげれば、必ず人間というのは生存できるはずなんですね。

ただし、これだけでは駄目です。お年寄りの面倒みとか子供の世話をする無償労働がないと駄目なわけですね。

世の中もう目に見えていて、これから情報知識が進んでいけば、それぞれの個人がかけがえのない能力を発揮しなければいけませんから、女性も社会的にどんどん進出していきます。これは当然のことですね。そのためには何をするかというと、女性が女性として能力を発揮してもらうシステムを作っておかなくてはいけないわけですね。

日本の場合は女性が男性化しないと社会に進出できないシステムがある。それがまずいんですね。かけがえのない個人が能力を発揮しなければいけないので、女性は女性として能力を発揮してもらうということが社会に必要なんですね。

無償労働を今まで私たちは女性に押しつけてきたわけですが、ここの担い手がどんどん少なくなります。少なくなってくれば必ず無償サービスが減りますから、別なところで無償で出るサービスの機関がないと駄目なんですね。これが公共サービスを出すところ、政府なわけです。政府はタダでサービスを出すわけです。しかし政府は無償労働でなくて有償労働の公務員を雇ってやっている。どうしてそれが可能なのということになるわけですね。このお金は一体どこからくるかというと税金です。強制的に租税として取り立ててきて皆で負担してもらって、その代わりにそれで無償サービスを提供しますよということですね。

つまり、本来、家族とか共同体で人間が生存に必要なニーズというのは充足されているのだけれども、これが欠けているところがどんどん大きくなってきている。ここを公共サービスとして出してニーズを埋めてあげるということですね。まかり間違えて欲望に手を出しては駄目なんですね。政府というのはお金儲けをするところではないんですから、お金儲けしていい「シーガイヤ」とかに手を出せば必ず失敗するに決まっているんです。

お金儲けをするのではなくて、欲望を満たすのではなくて、ニーズを満たしていくということが重要な政府の役割だということです。欲望の方は市場に任せ、ニーズの方は政府が行うということになるわけです。

そういうふうに、キチッと政府がこのニーズ、必要に応じてサービスを出していくということが重要だということですね。

2　外部効率性と内部効率性

もう一つ、行政改革についてもお話をしておきます。行政改革というのは効率性ということが問題になるわけですが、この効率性というのは二つの効率性があります。

内部高率性

第一の効率性というのは内部効率性と言います。内部効率性というのはその公共サービスをいかに安い費用で作るかということです。

それはここで人件費と物件費を払って、公共サービスを作っていましたね。ここのところは企業も同じことです。企業も人件費と物件費を払ってやっているわけです。ここは企業と政府と同じことをやっているわけで、ここの効率性が内部効率性です。

外部効率性

公共部門の場合にはもう一つ効率性があります。それは公共サービスがニーズにあっているかどうか、これが一番重要なんですね、これを外部効率性と言います。

市場の場合には簡単なんですね。欲望に合ってなければ売れないんで、お金が入ってきません。欲望に合ってないと市場が判断します。一方、公共部門の場合にはニーズに合っているか合ってないかというのは住民、国民が判断するわけです。このニーズを満たしているか、必要不可欠なところをちゃんと満たしているかどうかという効率性、これが一番重要な効率性ですね。

ニーズに合ってないサービスを如何に安く作ったからといってそんなのは全然効率的でも何で

もない。効率的なのはちゃんとその地域社会のニーズを満たしていること。必要不可欠なものですから欠けていては困るんですね。欠けていた場合にはちゃんと満たさなければならない。

この二つの効率性が組み合わさって行かなければ駄目なのです。日本のように片一方だけを重視するということは駄目ですね。

独立行政法人　非効率な公共部門の効率化

しかし民間企業の方がなぜ効率的で、公共部門の方がなぜ非効率だと言われるのかというと、日本人はなぜか、公務員の公共部門はすべて非効率だと考えてますから、公務員というのはすべて民間の人間よりも無能だということになってしまうわけです。

人間は誰でも適切な動機付けさえあれば同じように能力を発揮するという前提をおく国民はどう考えるのかというと、公共部門の方が非効率なのは、公共部門はディサイド（決定）が、国民なり議会なり別なところがやる。民間みたいにプラン（企画）とディサイド（決定）が一緒になっているわけではなくて、ディサイドは別な人が決める。つまりプランとドウ（執行）を行政がやって、ディサイド（決定）とシー（評価）を議会なり住民がやるわけですね。だから規則どおりにやらなくてはならないのでどうしても非効率になると考える。

例えば国家公務員だと千キロを越えないと飛行機を使ってはいけませんから、この間、松江で財政学会があった時には、千キロを越えていないと飛行機を使えないわけです。すると途中で一泊泊まらなくてはいけないんですね。今の交通事情から言うと。いかにも非効率だといっても、これは法律で決まっているわけですからしようがないという非効率はどうしても生じる。しかし民主主義の原理からいえば当然規則通りにやらなければならないから非効率になってしまう。

それはおかしいのではないかと、いうことで、じゃあ公務員を二つに分けて、ある一定の公共サービスの量と質を供給してくれれば、規則に縛られなく、自由にやっていい部門と規則に縛られる部門と二つに分けましょうといってスウェーデンが考えたのが独立行政法人です。

このスウェーデンが考えた独立行政法人をテイラー主義に立つアングロサクソンが真似をすると、日本の公団のような独立行政法人になってしまう。もともとスウェーデンが考えた独立行政法人というのはそうではないのです。

そして独立にやらせたら同じ効率でできるでしょう。第一ＰＦＩ、民間委託ができるということはちゃんとこういうふうにキチッとある一定量の公共サービスを提供してくれれば民間でもいいですよといっているんだったら、じゃあ公共部門でもいいじゃないの、公共部門というのはお金を目的にしていないんだから利潤を上乗せしなくていいのだから、もっと効率的にできるはずだというふうに考えているわけです。それが独立行政法人ということですね。

そういうふうに二つの効率性、今の工夫というのは独立行政法人の内部効率性ですね。これを上げるにはどうしたらいいかというふうに考えているということを考えておくということです。

そういうふうにして自らの決定で自らの仕事ができるようにしていくために、地方財政をどういうふうにしていったらいいのかということですが、これはもうグローバルスタンダードで決まっています。なぜ私たちが地方分権をしなければならないかというと、この20世紀末に大きな社会変化があって、一方では知識や情報の時代になり、その知識や情報はグローバル化しボーダーレス化し始めてしまった。他方で人間の生活を守ったり新しい地域産業を起こしたりするためにはローカル化をしなければいけない。つまり国民国家の機能が上と下、EUとローカル化、二つに分かれているわけですね。

ヨーロッパでは1984年にEU、ヨーロッパ共同体の統合を決めて、ユーロ、統一通貨を作ると同時に1985年にヨーロッパ地方自治憲章を作って、地方自治体に地方分権を進めようという動きを行います。

Ⅳ　分権型地方財政への道筋

1　財源保障責任に補完された自主財源主義

私たちにとっても、日本の地方財政を如何にして分権化するかということのグローバルスタンダードとしてヨーロッパ地方自治憲章が参考になるはずですので、次表を見てください。この第9条に地方財政の規定があります。

ヨーロッパ地方自治憲章（翻訳）

（European Charter of local self-Government）

（地方自治体の財源）

第９条

1　地方自治体は、国家の経済政策の範囲内において、かつ自らその権限の範囲内において、自由に使用することのできる適切かつ固有の財源を付与されなければならない。

2　地方自治体の財源は、憲法及び法律によって付与された責務に相応するものでなければならない。

3　地方自治体の財源の少なくとも一部は、法律の範囲内において、当該地方自治体が自らその水準を決定することができる地方税及び料金から構成されるものとする。

4　地方自治体に付与される財源の構造は、その責務の遂行に相応して伸張していくことができるよう、十分に多様でかつ弾力的なものでなければならない。

5　財政力の弱い地方自治体を保護するため、財政収入及び財政需要の不均衡による影響を是正することを目的とした財政調整制度又はこれに準ずる仕組みを設けるものとする。ただし、これは、地方自治体が自己の権限の範囲において行使する自主性を損うようなものであってはならない。

6　地方自治体は、財源の地方自治体への再配分に当たっては、その再配分の手法につき、適切な方法によりその意見を申し出る機会を与えられなければならない。

7　地方自治体に対する補助金又は交付金は、可能な限り、特定目的に限定されないものでなければならない。補助金又は交付金の交付は、地方自治体がその権限の範囲内において政策的な裁量権を行使する基本的自由を奪うようなものであってはならない。

8　投資的経費の財源を借入金によって賄うため、地方自治体は、法律による制限の範囲内において国内の資本市場に参入することができる。

5番目が重要な規定です。最近交付税に対する批判が非常に高まっている。税調などでは交付税に対する批判一色ですが、あれはグローバルスタンダードではないですね。

「財政力の弱い地方自治体を保護するため、財政収入及び財政需要の不均衡による影響を是正することを目的とした財政調整制度またはこれに準ずる仕組みを設けるものとする。」

通産省は世界では、税金の課税力だけの調整で財政需要の調整をやっている国は少ないと言ってますが、そんなことはないです。例に出てくるのはカナダぐらいで、後は誤って理解しているわけで、グローバルスタンダードはきちっと、財政収入と財政需要の不均衡を見なさいと書いてあります。「ただし、これは、地方自治体が自己の権限の範囲内において行使する自主性を損なうようなものであってはならない。」と書いてあります。

現在、交付税については皆さんご存じの通り、事業費補正のような補正係数をかけるわけですね。分権推進委員会はできるだけこの補正係数ではなくて、面積とか人口とかという単位費用と測定単位だけでやりなさい。しかし、面積とか人口とかでやってしまうと、あまりにも大ざっぱになってしまう。面積なんかでやられると北海道なんかかなり得してしまうんですね。北方4島が全部これ自治省の面子に賭けて面積を入れてますから、別な少し客観的な統計的な数値を使って配るようにしましょうというふうにいっております。

6番目、「地方自治体は、財源の地方自治体への再配分に当たっては、その再配分の手法につき、適切な方法によりその意見を申し出る機会を与えられなければならない。」と書いてあります。再配分してもいいけれども再配分する時には文句を言えるようにしなさいということです。地方分権推進委員会でも意見具申権というのを今回認めております。地方自治体は、「このやり方はおかしいんじゃないの」というふうに意見をいうことができる権利を認めたということですね。

7番目、「地方自治体に対する補助金または交付金は、可能な限り、特定目的に限定されないものでなければならない。」

目的負担金とか補助金とか、使途を特定したような補助金というのは可能な限りやめなさいということです。そして「補助金又は交付金の交付は地方自治体がその権限の範囲内において政策的な裁量権を行使する基本的自由を奪うようなものであってはならない。」と書いてありますので、補助金をやる時には補助要綱などで補助条件をくっつけては駄目だということです。日本の場合は今まで、都市公園などは砂場、ブランコ、おすべり台の3種の神器がないと駄目だといっているものですから、全国津々浦々でおすべり台とブランコと砂場が作られた。そういう補助条件なんか作っては駄目ですよということです。

そして8番目、「投資的経費の財源を借入金によって賄うため、地方自治体は、法律による制限の範囲内において国内の資本市場に参入することができる。」

こういうことを考えていけば誰でもお分かりいただけますように、まず地方税というのを充実してできるだけ自分の自主財源、つまりその地域社会から取ってきた財源で税金を調達する。ただしそれが財政力が弱い地方団体の場合には、それを補完してあげるような意味で、交付税のような一般財源をキチッと準備しておきなさいと言っているのがグローバルスタンダードだということになるはずです。

「地域間格差が拡がる」という議論

そのために地方税を充実していくわけですが、地方税を充実していくというとかならず「地域間格差が、広がってしまう」という議論になります。そこで、いったい他の国ではどういうふうにやっているのかを見てみますと、やり方は二つあります。

一つは**図表6**ですが、税収の対GDP比というのを作っておりますが、所得・利潤課税のうち個人というのを見てみると、うち個人で今アメリカ、ドイツ、スウェーデンしか参考にしません。

なぜなら先程三つの棒グラフを見て頂きましたが、日本よりも地方税が多い国がアメリカ、ドイツ、スウェーデンだからですね。そういう国々がどうやっているのかを見ますと、スウェーデンは個人所得税が16%、そして国の所得税が1%ですので、所得税は地方に持っていってしまおうということです。

① スウェーデン

今度はスウェーデンの消費課税のうち一般消費課税を見て頂きますと、四捨五入して8%です。消費課税の方はVAT、つまり付加価値税ですが、付加価値税は国へ持って行きましょうといっているわけですね。どういう基準でやっているのかというと、税源の移動性です。

繰り返すようですが地方公共団体というのは国境を管理しない政府、出入り自由な政府ですから動かないものに税金をかけた方がいいわけですね。一番動くものは物です。物はしょっちゅう動いてますから、物にかかる税金を国へ持っていく。人はあまり動かないから地方税でいいのじゃないのというのがスウェーデンの考え方です。

② アメリカ

アメリカは所得利潤課税のうち四捨五入しますと個人が中央で8%、地方で2%です。そして消費課税のうち一般消費課税が地方が2%で、中央にはなしですので、アメリカは消費課税は地方に、所得税は国へというふうになっているわけです。

これはどういう原則かというと、政府の機能を基準に分けている。つまり地方公共団体というのはお金を配って所得再配分をやってはいけない政府だから、豊かな人にたくさん税金をかけたら逃げ出しちゃうんだから、そういう豊かな人に

図表6　租税収入の対GDP比（1995）

単位：%

		資産課税		消費課税						その他	
うち法人						うち一般消費課税		うち個別消費課税			
中央	地方	中央	地方	中央	地方	中央	地方	中央	地方	中央	地方
2.19	0.44	0.21	2.91	1.05	3.31	−	2.23	1.05	1.08	−	−
0.39	0.69	0.01	1.07	7.09	3.15	3.80	2.99	3.29	0.17	−	0.01
2.81	1.53	1.14	2.18	3.09	0.66	1.48	−	1.61	0.66	−	0.07
3.05	−	1.41	−	11.78	0.04	7.52	−	4.25	0.04	0.09	−
1.63	−	0.82	1.52	11.10	0.22	7.60	−	3.50	0.22	0.38	1.46
3.35	−	2.34	1.35	11.35	−	6.71	−	4.64	−	0.02	0.03

（資料）OECD, Revenue Statistics1997. より作成

重い税金をかけるような所得税、これは国に持っていきましょう。

所得再分配に全然影響のないような消費課税は地方に持っていきましょうというふうに言って分けているのがアメリカです。

	所得・利潤課税			
			うち個人	
	中央	地方	中央	地方
連邦国家				
アメリカ	10.40	2.36	8.21	1.92
ドイツ	5.13	6.65	4.74	5.96
単一国家				
日本	6.81	3.63	3.99	2.10
スウェーデン	4.52	16.06	1.46	16.06
フランス	7.16	0.66	5.51	0.66
イギリス	13.03	—	9.68	—

③　ドイツ

ドイツは非常にバランスよく所得利潤課税のうち個人というのを半々で国と地方が分け合い、消費課税のうち一般消費課税をほぼ半々でこれも分け合うというようなことをやっているわけです。

④　日本

わが日本を見て頂きますと日本の所得・利潤課税のうち個人の地方を見ますと2%で、これはアメリカの2%とほぼ同じですね。ところがアメリカは地方には所得税はあげないよといっている国なのに、やらないよといっている国と同じだけしかもらってない。

消費課税のうち一般消費課税というのを見て頂きますと、日本の場合には国にはあるけれど地方にはない。ただこれは消費課税、地方消費税ができていない時の統計ですので出ておりませんが、しかし消費課税ができてもこの１・４８％ができているだけですから、これはごくわずかであるということですね。

両税委譲

そうすると世界の趨勢から見て言えることというのが両税委譲、つまり地方消費税を充実してもらうことと所得税を充実してもらう、この二つしかない。

しかしその所得税を充実する時には比例税率でかけないと駄目なんですね。今の個人所得税というのは三段階で累進税率になってますが、これは比例税率で構わない。例えば１０％で一律にしてしまう、こういうふうにした方がいいわけです。このフラット化をすると貧しいところにもちゃんと入っていきますので、山形などが一番伸びて東京が伸びません。つまり比例税率化して地方税の所得税に委譲させるということですね。

言い換えますと比例税率化して地方所得税を充実する、そして地方消費税を充実するという二つの両税委譲と、あと外形標準化をやるといい。

外形標準課税が必要なわけ

外形標準化というのはどうしてやらなければならないのか。それは**図表7**ですが、地方税体系となってますが、戦前から日本は付加税しかなかった。国の税金に上乗せする税金しかなかったわけです。

そこでシャウプはこんなのでは駄目ですよと言って、勧告をして、こういうふうに言ったわけですね。

市町村税には固定資産税という独立税を作りなさいと。これは固定資産の価格に応じて課税しなさいと、これは全く国と独立した税金です。

それから道府県にも独立税として事業税を作りなさい。これは付加価値でかけなさい。全く国の利潤でかけている税金とは違う法人所得にかける税金とは違う外形標準でつくった事業税を作りなさいというふうにシャウプ勧告は勧告していったわけです。

ところが皆さんもご存じの通り日本は世界で初めてシャウプ勧告に基づいて付加価値税を地方税で導入したんですが、25年の導入した時に付帯決議がついていて、実施は一年延期するというふうについていたわけですね。そして一年延期しました。その次の年にまた付帯決議がついてしまってまた一年延期する。その次の年にも延期するというふうに付帯決議がついてその次の年に独立したものですから実施しないままやめてし

図表7　地方税体系

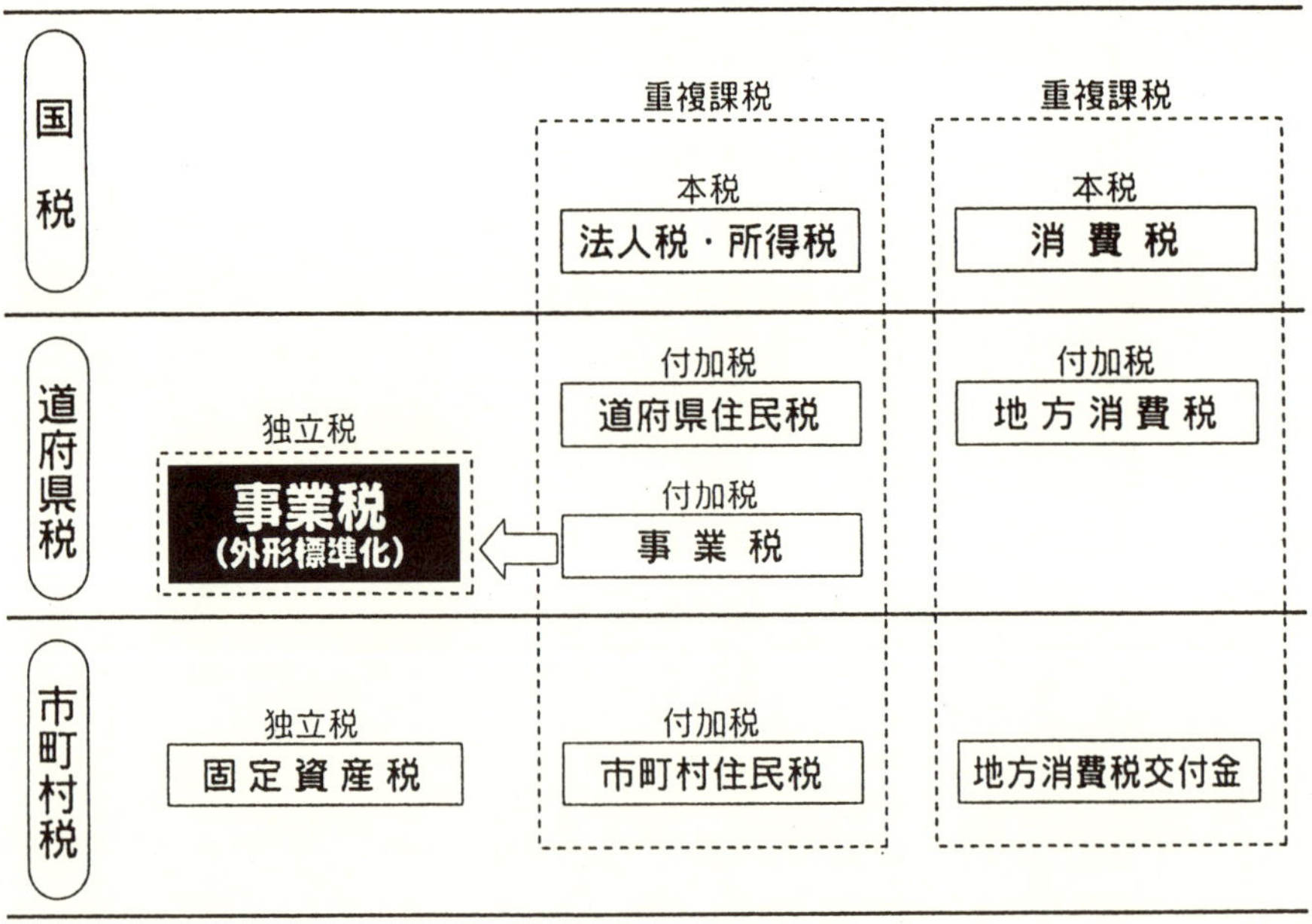

まったわけです。

シャウプ勧告がそれぞれ道府県地方税に事業税、固定資産税という独立税は作るけれども、所得課税だけは付加税にしてもいいよと、所得課税はやむを得ないから地方と国とで国の税金にタックスオンしろと、もうおんぶ、ピギーバックといいますか、肩車してもいいよといって、それぞれ国税の本税である所得税や法人税に県民税とか市町村民税というのはのっかってたわけですね。

ところがそれにまた事業税を付加価値ではなくて今度は全く所得税と同じものになってしまってますから、今道府県税には基本的には付加税しかない。しかも同じ法人利潤に二つの税金をのっけているという異常な事態になっているわけです。

一つの公共団体、都道府県でもって、こうやって名前だけ変えて違う税金を作っていいというのだったら幾らでも生産活動税とか企業活動税とか名前だけ変えてどんどん作っていけばいいということになってしまうわけですね。これはいかにもおかしいので、キチッとした独立税を作ろうというのが事業税の外形標準化の意味ですので、地方分権の観点からいえば、独立税を作るという意味だということです。

2　協力原理にもとづく地方税原理

私たちの地方税というのは一体どういう税金なのかと言いますと、それは私たちの国税とは全く違う。

私の恩師は、「国税は国民に税を負担させる税、それに対して地方税は地域住民がお互いに税を負担し合う税」、こういうふうに言っております。

それはどういうことかと言えば、北海道では何と言っているか知りませんが、三重県の方では「出会い」と言いますが、つい最近まで地方の公共サービスは「出会い」によってやっていたわけです。地域のコミュニティが学校を作るといえば村人たちが皆「出会い」をして学校を作ったんです。今でも長野県の栄村なんかは補助金を断って若い人達がブルドーザーを買って、水利施設を作ったりしてるわけですから、地域の住民たちが総出でもって作業をやればいいわけですね。核家族で今まではできたものができなくなってきているので、とにかく仕事を休んで「出会い」

をして、一か月間地域のお年寄りの介護に従事してくださいね、と。それから子供たちの育児も、もう女性もどんどん働きに出なければいけないのだから、仕事を休んでとにかく1か月間コミュニティの育児にたづさわってくれ、と。こういうふうにしてやればいい。そういうのが地方税なんですね。

そうすると比例税率でいいですね。1か月間あなたは仕事を休んで得る所得をあきらめてください、あきらめて仕事を休むのが嫌だったら1か月分の給料を地方税として払ってください。そうすれば地方公共団体がタダであなたに変わって無償サービスをやりますからと、こういうふうにしておけばいいということです。個人に対して比例税率で全部、所得税をかけなさいといったのはそういうことですね。

しかし、比例税率で全部かけてしまうと困ることが出てくる。スウェーデンなんかでもそれをやって困ることが出てきたのは、夜間人口と昼間人口という複雑な問題が出てくるわけです。私の場合は浦和にすんでいるのですが、ほとんど東京でいろんな公共サービスの利益を受けています。その場合に、埼玉県の浦和だけで住民税を納めてますから困ってしまう。

そうすると所得というのは**図表8**ですが、経済の循環というのは生産、分配、支出というふうに三つの循環があります。まず所得は生産されます。所得が発生するわけですね。賃金、利潤、配

図表 8　所得循環と地方税

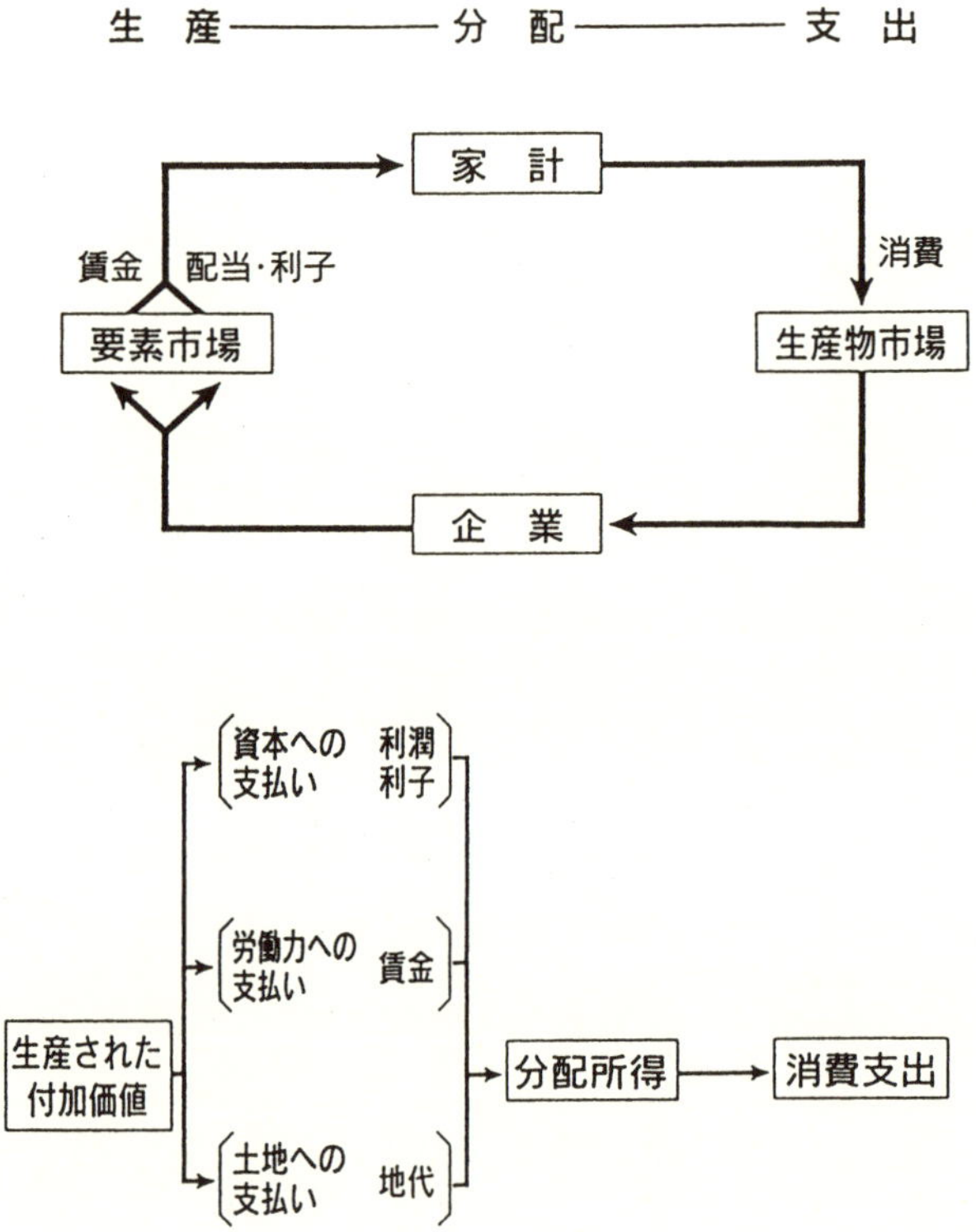

所得循環の局面	税収の帰属地、生産地	居住地	消費地
払うべき税	**事業税の外形標準化（所得型付加価値税）**	**個人住民税**	**消費税**

当という形でもって生産活動を行うと所得が発生する。私だったら東京で所得が発生したらば発生した所で賃金から幾つかそこで税金を納めていく。それから賃金を受け取った所、私は受け取ったのは浦和で受け取るわけですから、受け取った所で税金の一部をまた払っていく。

新潟県に湯沢町というまちがあります。あそこは住民も少ないし企業もいないんですね。その代わり別荘になってますマンションが乱立していて都会から人がわーわー来る。消防車は高層マンション用の消防車が必要だというので大変費用が掛かってしまう。しかし、そこには税源が全然おきませんから、そこに遊びにきた人、そこでお金を使った人が使った所で払ってくださいねということで、こういう三つの所得循環で比例税率で税金を課税すればいいということになるわけですね。

そうすると、所得、つまり利潤、利子、賃金、地代が発生した所で課税するということは何かというと、発生した付加価値に税金をかけるということと同じですから、先程言いました事業税を外形標準化したのと同じことになります。後は住民税と言うことになるわけですが、住民税も比例税率にして拡充してくださいねと、そして消費税も使った所ではそこだけわーわーそこに行っていろいろ公共サービスやなんかを使うのだから、それだけ税金をキチッと委譲してくださいねということになるわけです。

繰り返すようですが、大正デモクラシーの運動が両税委譲と義務教育国庫負担金の増額要求であったとすれば、平成のデモクラシーの運動というのは住民税と消費税の両税委譲と事業税の外形標準化、それと行政サービスのナショナルスタンダードを守るような交付税をキチッと裏打ちしていくというこの条件が平成のデモクラシーになるはずです。

3　私たちはどういうことができるのか

そういう形で地方財政というものを構築していくことが望まれるということになるはずです。そうしますと私たちはどういうふうなことができるのかということです。『あなた自身の社会―スウェーデンの中等教科書』（アーネ・リンドクウィスト、ヤン・ウェステル著、川上邦夫訳、新評論）をちょっと見て頂きます。

「公共部門か民間部門か」

何故、映画館の方が水泳プールよりも料金が高いのでしょう。それは映画館の料金は「市場原理」によって決まるからです。すなわち映画館は、観衆が払ってもよいと思う金額を料金としているのです。プールの料金は「補助料金」です。すなわち実際の料金の大半をコミューン（市町村）が支払っているのです。どうしてでしょう。それは多くのコミューンが、映画ではなくプールを住民サービスとして提供したいと考えているからです。

一部の人々はこう言います。

「補助料金など全部やめてしまえ、みんな民間に任せればいい。もしそうなれば、コミューンにとっては安上がりとなり、プールの管理もよくなるはずだ。そして、われわれの頭越しにものを決める政治家の権力も小さくなるだろう」

他の人々はこう言います。

「それは間違いだ。もし、何もかもが民間で運営されるようになれば、不公平が拡大し、住民の影響力は減少する。」　（133頁）

そして、これにどういう意見を持っているのかというふうに子供たちに問いかけているのです。

この問いかけ方は子供たちに何を聞いているのか。映画館で映画を見るというのは欲望ですね。欲望だったら市場に任せていいんですね。こう子供たちに問いかけているんですね。

プールはどっちなんですか、プールは欲望なのかニーズなのか、健康にいいからニーズみたいな気もするんだけれども本当に生存していくのに必要なのかどうかはグレイだ。グレイだったらば料金の一部は本人負担にして頂いて後は補助金でもってお金出だしているのだけれども、これでいいねというふうに子供たちに聞いているわけですね。

何もかもが民間から公共部門に任せればいいという話ではないんだということを子供たちに教えているわけです。

こういうふうに公共部門と民間部門を分けた上で、先程いったように税源をキチッと委譲して、後は交付税という形にしておけば、地方公共団体はそれぞれ選択ができるようになってきます。

そして、「予算についていろいろな意見がある」（128頁）と続きます。

その前に、「課題」を設けて、次の言葉の意味は何ですかと子供たちに問うています。

a　**予算**　これは皆さんもご説明できるでしょう。

b　**比率税**　これは比例税率のことですね。先程言いましたが、スウェーデンの所得税は地方税です。地方税の税率は基礎控除が12、3万でごくわずかで、だいたい貧しい人から全部31%でかかってしまいます。もちろん地方公共団体によって税率の差がありますので、税率の低い所が17%、高い所は34%でかかりますが、こういう選択の幅が出ておりますが、平均すると31%の比例税率でかかる。比例税率でかけると言うのはどういう意味なのと子供たちに問うているわけですね。

c　**コミューン税収均衡化措置**　これはいいでしょうか、これは交付税のことですね。コミューンの税収を均衡化する措置があるのだけれど、この意味はどうなのと、聞いている。

課題

❶次の言葉の意味は何ですか。

a．予算　b．比率税　c．コミューン税収均衡化措置　d．長期予算

❷あなたのコミューンの収入と支出の構成を調べ、平均的なコミューンと比較しましょう。その違いは何に基づくのでしょう。

❸a．あなたのコミューンでは税率はいくらですか。コミューン、ランスティング、教会への配分はどうなっていますか。

b．コミューン税は全国一律がよいという意見があります。その賛成者、反対者はどんな理由を挙げていますか。

❹税か料金か——あなたは上に述べられた四つの意見のどれに賛成しますか。

『あなた自身の社会—スウェーデンの中等教科書』 129頁より）

d　**長期予算**　これはちょっと日本の方には分かりにくいかもしれませんが、ヨーロッパのほとんどの国が地方予算を二重予算にしています。つまり、経常予算・短期予算と長期予算といわれる資本予算の二本立てにしているわけです。経常予算の方には税金が入ってきて、この税金で経常支出を賄う。経常支出を賄った残りは貯蓄になりますが、この貯蓄が資本予算の方の収入に入ってくる。ここで公共事業資本的な支出を行う。これがオーバーしてしまうと、ここだけで地方債を発行できるんだけれども、この地方債を発行すると、一部の部分だけで経常経費を公債費に入ってきますよと、こういうことがキチッと住民がモニタリングできるように、監視できるようにダブルバジェットになっているので、この資本予算、長期予算の意味を子供たちに問うているということですね。あなたはこの意味分かってますねと、こういうふうに聞いている。

さてそれを前提にした上で、

▼**意見1**　われわれは、コミューン税（市町村税）を1クローナ引き下げたい。税金の軽減は人々の選択の自由を拡大するんだ。

▼**意見2**　それは絶対駄目だ。それはサービスの低下をもたらすだけだ。私たちが減税

に反対するのは、より多くの保育園、より良い学校給食、障害者にも利用しやすい中央地区を意味している。

▼意見3　私たちは税金を引き下げる代わりに料金の引き上げをしよう、その方が公正だからです。そうすれば電気や水を浪費しているものよりも節約しているものの方が、少なく支払うことになるからです。バス料金、保育園料金、その他いろいろな料金も同じです。

▼意見4　われわれは、いたずらな料金の引き上げはしない。それは、高額所得者を利するだけだ。料金を10パーセント引き上げる代わりに、税金を75ウーレ上げる。それが大多数の者、子どものいる家族、年金者にとってベストだ。

こういうふうにいって「あなたは上に述べられた4つの意見のどれに賛成しますか」というふうに子供たちに問いかけているわけです。

地方分権の大きな意義　住民の選択

地方分権でやらなければならないことというのは何なのかといえば、こういう4つの選択が住民たちにせまれるようになるということです。

「このサービスを、家族でやるんですか、どうするんですか」

「地方公共団体が公共サービスでやりますからそれを税で負担しましょうか、市場に任せていいんですか」

「これ欲望なのかニーズなのか、グレイだったら料金でやりましょうか」というふうに選択ができるようにしてあげないと出てこないということですね。この選択ができるようにするということが地方分権の大きな意義になってきます。

それと同時に地方公共団体で、目に見える形で選択ができるようになってくれば総合行政ができるようになってくる。総合行政ができるようになってくると実は内部効率性、つまり非常に安いコストで地方の公共サービスを作るということも可能になってくるのです。

スウェーデンの交通政策を見て頂くと、あれは交通政策と環境政策を一緒にやっているわけですね。緑化をするために鉄道を敷こうとやっているわけですから、環境政策なのか交通政策なのか分からない。

それから、最初に肝心なことを言い忘れましたが、私はスウェーデンの話をしてますが、私はスウェーデンの専門家でもありませんし、スウェーデンの研究家でもありません。

なぜスウェーデンの話をしているのかというと、グローバルスタンダード、つまりヨーロッパ地方自治憲章が理想としモデルとした国、それがスウェーデンだからです。スウェーデンを絶賛しているのではなくて、地方分権のモデルの国がスウェーデンなんですね。そのことを念頭に置いていていただきたい。

スウェーデンの例を出すと、「わずか800万人だからできるんだ」とだいたいの方がおっしゃるわけです。しかし800万人という国民のためどんなにコストが高いか。例えば本、スウェーデン語の本なんて800万人しかいないんですから、どんな本を作ったって高くなるに決まっているわけですね。英語の本なんてバンバン売れるわけで、発行部数が全然違います。

そうなってくると重要なのは図書館ということになるわけです。そうすると図書館を作る時にどうするか。高校を作ればもう高校の中に非常に立派な図書館を作らざるを得ないんです。本が高いものですから。そして渡り廊下で別な立派な建物に結んでおいて、その高校の建物の図書館を高校の授業や高校の課外、つまり昼間は高校の図書館で使うけれども夜は全部市立図書館に開放してしまうということをするわけですね。

それはすべて同じことです。体育施設なども小学校や中学校の脇に立派なプールを作ったりしておいて、そして授業の時は使うけれども授業じゃない時は市民のアスレティッククラブにしてしまうという総合行政ができる。日本のように文部省の補助金で建てて「泥棒だ」とか言っているのではないので、それはできるようになるわけですね。

そしてそういう行政が可能になってくれば「西暦2000年の高齢者福祉」、これもスウェーデンは決して悲観的なことを言ってませんね。

人口予測によれば西暦2000年には年金者は増加し、80歳以上の高齢者も、援助を必要とする者も急激に増加するとしています。これは高齢者福祉への要望が高まることを意味しています。つまり高い教育を受けた介護職員、………（180頁）

ここは重要ですね。日本はどうも高い教育を受けたというのが全然抜けるんですね。高い教育を受けない人を安く使おうということばかり考えているというようなところがあるわけです。

西暦2000年には、高齢者たち自身がどこに住み、どう生きたいかを選ぶようになります。（180頁）

こういうふうにキチッとしてあげないと駄目なんです。どこにも悲観的なことを書いてないわけです。日本はいつもお年寄りに「長生きしてすみません」というようなことを言わせているわけですが、そういうことをしない。

「今、私は、仕事の休暇を取って、おばあさんのお世話をする権利を使っているところです。私の収入は、社会保険事務所からこれまでの給料に見合った保障金、これを『おばあさんのお金』といってます。おばあさんにも私にもこれはありがたいことです。」
（コーリン　22歳　親族介護者）（180頁）

コーリンさんという22歳の人が言っているわけです。これが介護保険です。
つまり社会保険というのは何なのか、先程いいましたね人間が生きていくためには給料と無償のサービスが必要です。お年寄り、自分の両親、自分の祖父母のための介護で仕事を休んだらばそれの賃金の９０％を金銭で保障してあげる、これが介護保険なんですね。給料をキチッと保障する、給料さえ保障してもらえば人間は生きていけるのですから、後は無償サービスを保障する。

子どもと家族

それに家族の重要性です。
子どもたちに家族の重要性を教えるのも重要です。ここを見ていただきます。

●子どもと家族
私たちは学校、職場、余暇活動などで、さまざまなグループに属しています。しかし、私たちにとって最も大事なグループは、それがどんなタイプであるかにかかわりなく、家族です。人々は「家族は、社会全体がその上に成り立っている基礎である」と、やや重々しく表現しています。

（１５４頁）

どんなタイプであるかにかかわりなく家族の重要性を教えるところが大切なんですね。スウェーデンではもうしょっちゅう離婚したりする場合が多いものですから、ある子供がスウェーデンで「僕のお父さんとお母さんは本当のお母さんだよ」と言ったら、他の子供が「ウソッ」と言ったというぐらいの話があるものですから。しかし、

家族の中にあって私たちは親近感、思いやり、連帯感、相互理解を感じます。………そして家族にあっては、私たちはありのままでいながら、受け入れられ好かれていると感じることができます。たとえ馬鹿なことを言ったりしてもです。そういうことは、その他のグループでは決してありません（154頁）

と言うふうに家族の重要性を教えているわけです。

そしてドロシー・ロー・ホルトの子どもという詩をのせています。

子ども

ドロシー・ロー・ホルト

批判ばかりされた　子どもは
非難することを　おぼえる

殴られて大きくなった　子どもは
力にたよることを　おぼえる

笑いものにされた　子どもは
ものを言わずにいることを　おぼえる

皮肉にさらされた　子どもは
鈍い良心の　もちぬしとなる

しかし、激励をうけた　子どもは
自信を　おぼえる

寛容にであった子どもは
忍耐をおぼえる

賞賛をうけた子どもは
評価すること　をおぼえる

フェアプレーを経験した　子どもは
公正を　おぼえる

友情を知る　子どもは
親切をおぼえる

安心を経験した　子どもは
信頼を　おぼえる
可愛がられ　抱きしめられた　子どもは
世界中の愛情を　感じとることを　おぼえる

こういうふうに教えているわけです。

私たちは、学校での学級崩壊をただ悲観しているという場合じゃないですね。あれこそ我々の責任なのであって、何を教えているのか、「他者は敵だ」という競争原理を教え込めば、他者は敵だと教えられた子供たちは当然教室の外で他者を傷つけたりナイフで刺したりするのは当たり前のことです。原理を間違えて教えている。

しかも、こういう詩を乗せた上で、なお価値観は一つではないので課題のところの4、

課題4　あなたは、詩「子ども」のどこに共感しますか、激励や賞賛が良くないのはど

んな時ですか。この詩は、大人に対して無理な要求をしていませんか。両親が要求に対して応えきれないのはどんな時か、例を挙げましょう。（１５４頁）

こういうふうに説明を求めているわけです。

ちょっと地方財政の話がどのぐらいできたか自信がないのですが重要なことは私たちの明日の社会的な安全のネットを作るということが分権の重要な目的だということを結論にさせていただいて私の不十分な話を終わらせていただきます。

（本稿は二〇〇〇年九月九日、北海道大学法学部第講堂で開催された地方自治土曜講座の講義記録に一部補筆したものです。）

著者紹介

神野　直彦（じんの・なおひこ）

一九四六年生まれ。

東京大学大学院経済学研究科教授。

東京大学大学院経済学研究科博士課程修了。大阪府立大学経済学部助手、同助教授、東京大学経済学部助教授、同教授を経て、現職。

主な著書に『システム改革の政治経済学』（岩波書店、98年度エコノミスト賞）、『日本が直面する財政問題』（編著、八千代出版）、『地方自治体壊滅』（ＮＴＴ出版）、『「福祉政府」への提言』（編著、岩波書店）など。

刊行のことば

「時代の転換期には学習熱が大いに高まる」といわれています。今から百年前、自由民権運動の時代、福島県の石陽館など全国各地にいわゆる学習結社がつくられ、国会開設運動へと向かう時代の大きな流れを形成しました。学習を通じて若者が既成のものの考え方やパラダイムを疑い、革新することで時代の転換が進んだのです。

そして今、全国各地の地域、自治体で、心の奥深いところから、何か勉強しなければならない、勉強する必要があるという意識が高まってきています。

北海道の百八十の町村、過疎が非常に進行していく町村の方々が、とかく絶望的になりがちな中で、自分たちの未来を見据えて、自分たちの町をどうつくり上げていくかを学ぼうと、この「地方自治土曜講座」を企画いたしました。

この講座は、当初の予想を大幅に超える三百数十名の自治体職員等が参加するという、学習への熱気の中で開かれています。この企画が自治体職員の心にこだまし、これだけの参加になった。これは、事件ではないか、時代の大きな改革の兆しが現実となりはじめた象徴的な出来事ではないかと思われます。

現在の日本国憲法は、自治体をローカル・ガバメントと規定しています。しかし、この五十年間、明治の時代と同じように行政システムや財政の流れは、中央に権力、権限を集中し、都道府県を通じて地方を支配、指導するという流れが続いておりました。まさに「憲法は変われど、行政の流れ変わらず」でした。しかし、今、時代は大きく転換しつつあります。そして時代転換を支える新しい理論、新しい「政府」概念、従来の中央、地方に替わる新しい政府間関係理論の構築が求められています。

この講座は知識を講師から習得する場ではありません。ものの見方、考え方を自分なりに受け止めてもらう。そして是非、自分自身で地域再生の自治体理論を獲得していただく、そのような機会になれば大変有り難いと思っています。

「地方自治土曜講座」実行委員長
北海道大学法学部教授　森　啓

（一九九五年六月三日「地方自治土曜講座」開講挨拶より）

地方自治土曜講座ブックレットNo. 70
分権型社会の地方財政

２００１年7月１０日　初版発行　　定価（本体１，０００円＋税）

著　者　　神野　直彦
企　画　　北海道町村会企画調査部
発行人　　武内　英晴
発行所　　公人の友社
〒112-0002　東京都文京区小石川５－２６－８
ＴＥＬ０３－３８１１－５７０１
ＦＡＸ０３－３８１１－５７９５
振替　００１４０－９－３７７７３

「地方自治土曜講座ブックレット」（平成７年度～11年度）

	書名	著者	本体価格
	《平成7年度》		
1	現代自治の条件と課題	神原　勝	九〇〇円
2	自治体の政策研究	森　啓	六〇〇円
3	現代政治と地方分権	山口　二郎	（品切れ）
4	行政手続と市民参加	畠山　武道	（品切れ）
5	成熟型社会の地方自治像	間島　正秀	五〇〇円
6	自治体法務とは何か	木佐　茂男	六〇〇円
7	自治と参加　アメリカの事例から	佐藤　克廣	（品切れ）
8	政策開発の現場から	小林　勝彦 大石　和也 川村　喜芳	（品切れ）
	《平成8年度》		
9	まちづくり・国づくり	五十嵐広三 西尾　六七	五〇〇円
10	自治体デモクラシーと政策形成	山口　二郎	五〇〇円
11	自治体理論とは何か	森　啓	六〇〇円
12	池田サマーセミナーから	間島　正秀 福士　明 田口　晃	五〇〇円
13	憲法と地方自治	中村　睦男 佐藤　克廣	五〇〇円
14	まちづくりの現場から	斎藤　外一 宮嶋　望	五〇〇円
15	環境問題と当事者	畠山　武道 相内　俊一	五〇〇円
16	情報化時代とまちづくり	千葉　純 笹谷　幸一	（品切れ）
17	市民自治の制度開発	神原　勝	五〇〇円
	《平成9年度》		
18	行政の文化化	森　啓	六〇〇円
19	政策法学と条例	阿倍　泰隆	六〇〇円
20	政策法務と自治体	岡田　行雄	六〇〇円
21	分権時代の自治体経営	北　良治 佐藤　克廣 大久保尚孝	六〇〇円
22	地方分権推進委員会勧告とこれからの地方自治	西尾　勝	五〇〇円
23	産業廃棄物と法	畠山　武道	六〇〇円
25	自治体の施策原価と事業別予算	小口　進一	六〇〇円
26	地方分権と地方財政	横山　純一	六〇〇円
27	比較してみる地方自治	田口　晃 山口　二郎	六〇〇円

「地方自治土曜講座ブックレット」（平成７年度〜11年度）

《平成10年度》

	書名	著者	本体価格
28	議会改革とまちづくり	森　啓	四〇〇円
29	自治の課題とこれから	逢坂誠二	四〇〇円
30	内発的発展による地域産業の振興	保母武彦	六〇〇円
31	地域の産業をどう育てるか	金井一頼	六〇〇円
32	金融改革と地方自治体	宮脇　淳	六〇〇円
33	ローカルデモクラシーの統治能力	山口二郎	四〇〇円
34	政策立案過程への「戦略計画」手法の導入	佐藤克廣	五〇〇円
35	'98サマーセミナーから「変革の時」の自治を考える	神原昭子 磯田憲一 大和田建太郎	六〇〇円
36	地方自治のシステム改革	辻山幸宣	四〇〇円
37	分権時代の政策法務	礒崎初仁	六〇〇円
38	地方分権と法解釈の自治	兼子　仁	四〇〇円
39	市民的自治思想の基礎	今井弘道	五〇〇円
40	自治基本条例への展望	辻道雅宣	五〇〇円
41	少子高齢社会と自治体の福祉法務	加藤良重	四〇〇円

《平成11年度》

	書名	著者	本体価格
42	改革の主体は現場にあり	山田孝夫	九〇〇円
43	自治と分権の政治学	鳴海正泰	一、一〇〇円
44	公共政策と住民参加	宮本憲一	一、一〇〇円
45	農業を基軸としたまちづくり	小林康雄	八〇〇円
46	これからの北海道農業とまちづくり	篠田久雄	八〇〇円
47	自治の中に自治を求めて	佐藤　守	一、〇〇〇円
48	介護保険は何を変えるのか	池田省三	一、一〇〇円
49	介護保険と広域連合	大西幸雄	一、〇〇〇円
50	自治体職員の政策水準	森　啓	一、一〇〇円
51	分権型社会と条例づくり	篠原　一	一、〇〇〇円
52	自治体における政策評価の課題	佐藤克廣	一、〇〇〇円
53	小さな町の議員と自治体	室崎正之	九〇〇円
54	地方自治を実現するために法が果たすべきこと	木佐茂男	［未刊］
55	改正地方自治法とアカウンタビリティ	鈴木庸夫	一、二〇〇円
56	財政運営と公会計制度	宮脇　淳	一、一〇〇円
57	自治体職員の意識改革を如何にして進めるか	林　嘉男	一、〇〇〇円